Curious George Brigade, Crimethinc, Co-Conspirators

DIY

Von Anarchie und Dinosauriern

herausgegeben, übersetzt und mit einem
Nachwort versehen von
More Than Just Music Brigade

UNRAST

Bibliographische Information Der Deutschen Bibliothek
Die Deutsche Bibliothek verzeichnet diese Publikation in der Deutschen Nationalbibliografie; detaillierte bibliographische Daten sind im Internet über http://dnb.ddb.de abrufbar.

Curious George Brigade, Crimethinc, Co-Conspirators - DIY
1. Auflage, April 2006
ISBN 3-89771-444-2

Postfach 8020, 48043 Münster – Tel. (0251) 66 62 93
info@unrast-verlag.de
www.unrast-verlag.de

Mitglied in der *assoziation Linker Verlage* (aLiVe)
Umschlag: More Than Just Music Brigade
Satz: More Than Just Music Brigade
Druck: Interpress, Budapest

Curious George Brigade, Crimethinc, Co-Conspirators

DIY

UNRAST

Wenn du dich für Anarchie interessierst, dann vergiss den Spanischen Bürgerkrieg und all die alten Männer mit ihren langen Bärten und ermüdenden Theorietraktaten! Das US-amerikanische Anarchokollektiv The Curious George Brigade hat mit Von Anarchie und Dinosauriern ein lebendiges Buch über gelebte Anarchie und die Verwirklichung anarchistischer Prinzipien wie gegenseitiger Hilfe, Solidarität, Autonomie etc. in unser aller Leben geschrieben. Es geht um Meme, Dezentralisierung, Zapatistas, Armeen, Affinity Groups, Outreach, Anarcho-Infrastruktur, Folk-Anarchy, Spaß und noch 1.000 andere Sachen...

If I can't dance to it, it's not my revolution!

Wie ich den spanischen Bürgerkrieg vergaß und die Anarchie lieben lernte

Es sieht so aus, als ob der Sommer endlich gekommen ist – eine viel zu lange Zeit war ich in dieses Zimmer gesperrt und habe an diesem Buch gearbeitet! Jetzt erst merke ich, dass wir unsere Unterhaltung über den Spanischen Bürgerkrieg eigentlich nie zu Ende geführt haben: über diesen revolutionären Moment, als die AnarchistInnen so nahe dran waren, eine neue Gesellschaft zu erschaffen, für die es sich nicht nur zu sterben, sondern auch zu leben lohnt.

Unsere Unterhaltung schien endlos zu sein. Du erklärtest mir all die atemberaubenden Details über Milizen und Kollektive, Widerstand und Solidarität – einfach alles. Ich habe es immer als den Moment angesehen, an dem wir ›ganz nah dran waren‹, als etwas Verehrungs- und Anbetungswürdiges. Ich wurde fast verrückt bei dem Gedanken an all die Möglichkeiten, die sie damals hatten! Uns blieb keine andere Wahl, als die Kämpfe in fernen Ländern zu mythologisieren und darüber zu fantasieren, wie es ist, an einer *richtigen* Revolution teilzunehmen.

Als ich heute die Seiten dieses Buches ansah, habe ich erkannt, *dass mir der Spanische Bürgerkrieg absolut egal ist.* Ich will nicht sagen, dass es kein wichtiger historischer Augenblick war, aber Legenden reichen mir nicht mehr. Ich sehe diese Leute nicht als die ›wahren‹ AnarchistInnen an und uns – im Vergleich – als ›Möchte-Gern-AnarchistInnen‹. Wir müssen jetzt leben und die Sachen bekämpfen, mit denen wir heute konfrontiert werden.
Die AnarchistInnen des revolutionären Spaniens würden es wahrscheinlich auch lieber sehen, wenn wir unsere Kämpfe kämpfen, als die ihren zu diskutieren. Die spanischen AnarchistInnen waren einfache Leute und taten genau das, was auch wir in dieser Situation und bei diesen Gelegenheiten tun würden. Unser Kollektiv hat an diesem Buch über ein Jahr lang gearbeitet und es ist unsere Breitseite, die wir für den heutigen Anarchismus abfeuern. Ich hoffe, es gefällt euch.

Zur Benutzung dieses Buches

Was du in deinen Händen hältst, ist kein Buch im traditionellen Sinne, sieh es eher als eine Art DNA-Bibliothek oder einen Bolzenschneider an. Mit anderen Worten: eine Herausforderung. Bücher über ›Politik‹ haben normalerweise eine ganz bestimmte Intention und bestehen aus engstirnigen Essays, die du entweder gewohnt bist, schnell zu verteidigen oder gnadenlos niederzumachen. Wenn die Bücher erfolgreich sind, so wird uns gesagt, erreichen die AutorInnen die Unterstützung einer bestimmten Splittergruppe oder diskreditieren eine entgegengesetzt denkende Gruppe. Wir erhoffen uns etwas anderes, und werden dabei genauso viele Fragen aufwerfen wie beantworten. Betrachte dieses Buch eher als eine Sammlung von Feldbeobachtungen, die von abtrünnigen AnthropologInnen geschrieben wurden, nachdem sie ihre Abschlusszeugnisse verbrannt haben, um in den Wäldern zu leben und Hochhäuser zu erklimmen. Wir durchstreiften die Infoläden der Nation, nahmen die gemurmelten Prophezeiungen der FalafelverkäuferInnen an den Straßenecken auf und schrieben dabei als Politik getarnte Liebesgedichte und als Liebesgedichte getarnte Politik. Wir sind AnarchistInnen, die den Samen ihres Widerstandes in das Herz des US-amerikanischen Imperiums gesät haben. Dieses Buch ist unser winziger Beitrag für den Widerstand, der unsere Hoffnungen am Leben erhält und unsere Ambitionen nährt.
Wenn du ein Buch zuklappst, bist du fertig damit und kannst es entweder auf einem Regal begraben oder, wenn es etwas sehr Wertvolles ist, einem Freund oder einer Freundin geben.

Lass dieses Buch nicht auf einem Regal verrotten. Verschenk es oder lass es an einer Bushaltestelle liegen, damit es jemand findet, auf dass es ihn oder sie in kalten Nächten warm hält. Der einzige Weg, dieses Buch loszuwerden, ist, es zu verbrennen.

VON ANARCHIE UND DINOSAURIERN

von der

Curious George Brigade

DO THE EVOLUTION!
MAHA 3/02/03
REMEMBER WHAT HAPPEND TO CAPITALISM
IT'S COMPETITION

INHALTSVERZEICHNIS

[Anmerkung der HerausgeberInnen: Im Anschluss finden Sie unbearbeitete Tagebucheinträge von Dr. Errol Falkland. Er ist einer der führenden Forscher auf dem Gebiet der Paläopolitologie und seine jüngsten Forschungsergebnisse wurden in den Fachzeitschriften *Nature, Left Turn* und dem *New England Review of Paleopoliticology* veröffentlicht. Er hat mit einer Gruppe StudentInnen der Ferrer University im letzten Sommer Ausgrabungen an einigen Fundstellen in Nordamerika gemacht. Wir möchten Dr. Falkland und seinen StudentInnen dafür danken, dass sie uns diese bis dato unveröffentlichten Forschungsergebnisse zur Verfügung stellen.]

01.05.: *In dieser Woche haben wir eine außerordentlich viel versprechende Ausgrabungsstelle im Mittelgebirge der Appalachen, im Südwesten Pennsylvanias, gefunden. Unter anderem fanden wir einige hervorragend erhaltene Exemplare des Proletarius Maximus, der zweifelsohne der Vorfahr zahlreicher kleinerer Formen des Proletarius ist (z.B.: Klassus-Saurus, Anarcho-Commitarius, Syndicalicus und Polyunionus). Das Beeindruckendste an diesem Fund ist, dass er uns die Möglichkeit gibt, die politischen Umweltfaktoren zu untersuchen, die dieser schwerfälligen Spezies erlaubten, bis in die heutige Zeit hinein zu überleben. Obwohl es einige Unstimmigkeiten zwischen verschiedenen ForscherInnen gab, kann jetzt kein Zweifel mehr bestehen, dass eine derzeitig so stark bedrohte und isolierte Spezies, wie die Familie der Wobblienators (eine Art nordamerikanischer Anarcho-Syndicalius) direkt mit diesen Kolossen aus dem 19. Jahrhundert verwandt ist.*

Die grundlegenden Eigenschaften dieses Tieres sind seine immense Größe, seine Trägheit und seine Neigung, in den Sumpf der Korruption zu geraten. Die gefundenen Exemplare wurden zweifellos vom Federal Rex getötet. Die unvollständigen Skelettfunde des Proletarius Maximus in den letzten Jahrzehnten weisen darauf hin, dass seine Trägheit ihn zu einer leichten Beute für den Federal Rex, den Pteralpinkertons sowie für andere größere Raubsaurier in der Mitte des 19. und Anfang des 20. Jahrhunderts machten.

Im Laufe ihrer Entwicklung benötigte diese Spezies immer größere Massen, um sich selbst vor den Raubsauriern der Capitalismusaurus-Familie zu beschützen. Ihre Unfähigkeit, sich neuen Bedingungen anzupassen, und das Vertrauen auf Erfolge in direkten Auseinandersetzungen mit den großen Raubsauriern machten sie unweigerlich zu einer leichten Nahrungsquelle. Nur die kleineren Arten scheinen eines natürlichen Todes gestorben zu sein. Als zu kleine Happen von den Raubsauriern verschmäht, wurden sie auf marginalisierten Gebieten Nordamerikas (wie z.B. Universitätscampi) zurückgelassen.

Der Proletarius Maximus Nordamericanus wird selbst von erfahrenen PaläopolitologInnen häufig mit dem Proletarius Maximus Europeus bzw. der Untergattung Proletarius Maximus Hispananius verwechselt. Die Ergebnisse taxidermischer Analysen und erneuter Fäkaluntersuchungen haben deutliche Unterschiede aufgezeigt und erklären die Gründe für die Verkümmerung des Proletarius Maximus Nordamericanus.

B.C.-DUDE. RATIONALISATION IS DESTROYING WORKPLACES. THIS CLASS COMPROMISE SHIT AIN'T WORKIN' ANYMORE...
DAMN' RIGHT T.R. THAT'S WHY WE BEGAN TO KICK OUT OUR WAGE SLAVES
BUT WHAT WILL WE DO WITH THE UNEMPLOYED?
WELL, WE THOUGHT ABOUT GIVING THEM SOME PEANUTS - YA SEE
GREAT!
PEANUT

ANSTELLE EINES MANIFESTS

Wir leben im Zeitalter der Dinosaurier. Überall um uns herum trampeln soziale, wirtschaftliche und politische Kolosse durch zerstörte Landschaften, und ihre lebensbedrohlichen Schatten bedecken den gesamten Planeten. Es findet ein titanischer Kampf in unseren Communities statt, weil Capitalismusaurus-Rex und Staatusaurus ihre Bäuche mit immer mehr Macht und Ressourcen füllen wollen, während sie gleichzeitig die Krallen ihrer brutalen KonkurrentInnen, der Pterror-Dactylus, abwehren müssen. Der Kampf zwischen diesen GigantInnen tobt mit schrecklicher Gewalt, aber er kann nicht ewig andauern. Die Evolution richtet sich gegen diese dem Untergang geweihten Tyrannen. Ihre Sonne wird stetig schwächer, und die glänzenden Augen anderer, die auf etwas Neues warten, funkeln schon in der Dunkelheit.

Nicht alle diese Augen unterscheiden sich von denen der kämpfenden Reptilien, den momentan Herrschenden der Welt. Sie haben kleinere Saurier animiert, die nun auf ihre Chance zur Machtübernahme warten. Diese kleineren Exemplare sind die versteinerten Ideologien der Linken. Trotz der verführerischen Versprechungen bieten sie nur eine etwas kuscheligere Variante des derzeitigen Systems und im Endeffekt sind sie nicht freiheitlicher als die großen Herrschenden, die so genannten ›sozialistischen‹ und ›sozialdemokratischen‹ Regierungen Westeuropas. Ihre Klauen mögen etwas kleiner sein und ihre Zähne nicht so scharf, aber in Sachen Appetit und Methodik gleichen sie ihren größeren ArtgenossInnen.
Sie streben nach Masse: rennen ihrem ewigen Kindheitstraum hinterher: *mass*-iv zu sein. Sie glauben, wenn sie genügend

Masse in ihren Parteien, Organisationen und Bewegungen vereint haben, könnten sie den herrschenden Dinosauriern die Macht entziehen.

Im kühlen Schatten der Nacht, in den Baumkronen der vergessenen Wälder und den Straßen zerstörter Städte gibt es immer noch andere Augen. Schnelle Augen, die durch die Aussicht auf Unabhängigkeit funkeln und sich von der Hoffnung ernähren. Diese kleinen Kreaturen leben in der Peripherie, in den Fußabdrücken und Schatten der Dinosaurier. Ihre Ohren hören nicht auf die Rufe der kleineren Dinosaurier, die sie vereinnahmen wollen, sie an sich reißen wollen, um ›einen gemeinsamen großen Dinosaurier‹ zu bilden. Es gibt Unmengen dieser kleinen, warmblütigen Kreaturen in den verschiedensten Formen und sie leben vom ausrangierten Überfluss dieser Welt, über den die Dinosaurier in ihrer Arroganz hinwegtrampeln. Sie schmieden Pläne im Schutze der Schatten und tanzen, während die müden Tyrannen schlafen. Sie bauen, erschaffen und kreieren. Sie finden neue Wege, um zu leben, entdecken vergessene Wege und vertrauen darauf, dass die Tyrannei ein Ende haben wird.

Wir wissen, dass diese drakonische Herrschaft nicht ewig Bestand haben wird. Sogar die Dinosaurier wissen, dass ihre Zeit irgendwann enden wird, denn der Meteorit wird ganz bestimmt einschlagen. Die grausamen Herrschaft der Reptilien wird entweder durch die Hand der wissbegierigen und warmblütigen Kreaturen beendet oder durch eine Katastrophe. Die grauen, freudlosen Schuppenpanzer werden durch Kostüme aus Federn, Fell und geschmeidiger Haut in Millionen Farben ersetzt.

Das ist die Anarchie im Zeitalter der Dinosaurier.

DER TRAUM VON DER MASSE

Der fatale Makel des Dinosauriers ist sein unersättliches Verlangen nach Masse. Die Wurzeln dieses wahnhaften Dranges liegen in der rauchgeschwängerten Nacht des 19. Jahrhunderts, einer Nacht, die wir immer noch nicht hinter uns gelassen haben. Der genaue Ursprung dieses Verlangens, eine (große) Masse zu werden, interessiert uns hier nicht. Stattdessen wollen wir versuchen zu verstehen, wie der Dinosaurier seinen Weg in unsere heutigen Widerstandsformen finden konnte, und was wir unternehmen können, um ihn zu ersetzen bzw. loszuwerden.

Die Begierde nach Masse bestimmt nahezu das gesamte Verhalten eines Dinosauriers, nicht nur seine Entscheidungen, sondern auch seine Organisation. Massenorganisationen haben die Angewohnheit, sich bei der Präsentation ihrer selbst vor anderen (egal ob Medien oder potentiellen Verbündeten) stolz auf die Brust zu klopfen und vorzutäuschen, dass sie größer seien, als sie es in Wirklichkeit sind. Genauso wie die ersten Dinosaurier fast ihre gesamte Zeit mit der Futtersuche verbrachten, verwenden die Dinosaurier der Linken den Großteil ihrer Ressourcen und ihrer Zeit darauf, dem Hirngespinst der Masse hinterher zu jagen. Es geht um immer mehr Leute auf den Demonstrationen, mehr Unterschriften auf der Unterschriftenliste und mehr Neuanwerbungen.

Die anhaltende Attraktivität der Masse ist ohne Frage ein Rudiment vergangener Revolutionstage. All die einsamen Seelen, die im Schatten gigantischer kapitalistischer Werbetafeln und unter den Blicken gut bewaffneter Polizisten heimlich radikale Blätter verkaufen, träumen insgeheim von der Erstürmung der Bastille, des Winterpalastes oder dem Einmarsch der Massen in Havanna. In diesen Fantasien verwandelt sich ein unbedeutendes Individuum auf wundersame Weise in einen Tsunami mit historischer Kraft. Die Aufgabe der eigenen Individualität scheint der Preis für die Chance zu sein, Teil von etwas Größerem als dem Unterdrückungsapparat zu werden. Dieser Traum wird von der Mehrzahl der Linken genährt, sogar von vielen AnarchistInnen. Es geht ihnen um die Metamorphose eines kleinen zerbrechlichen Säugetiers in einen gigantischen, nicht aufzuhaltenden Dinosaurier.

Der Traum von der Masse wird am Leben gehalten durch die traditionelle Bildsprache der Linken: das Bildnis von riesigen gleichförmigen Massen, überlebensgroßen ArbeiterInnen, welche die wachsende Macht des Proletariats repräsentieren, und Luftaufnahmen von Millionen von DemonstrantInnen in den Straßen. Solche Bilder sind sehr ansprechend, romantisch und ermutigend. Kurz gesagt sind sie gute Propaganda. So gut uns diese Bilder aber auch gefallen, sollten wir uns nicht betrügen und sie für echt halten. Diese Bilder sind nicht viel echter oder erstrebenswerter als all die raffinierten Anzeigen des zynischen kapitalistischen Systems.

Seit jeher sind AnarchistInnen sehr kritisch gegenüber der Homogenität, die mit einer Masse einhergeht (Massenproduktion, Massenmedien, Massenvernichtung), trotzdem scheinen viele von uns nicht in der Lage zu sein, dem Bild von einer Menschenmasse zu widerstehen, welche die Strassen füllt und »Solidarität für immer!« skandiert. Begriffe wie »Massenmobilisierungen«, »Arbeiterklasse« und »Massenbewegung« dominieren nach wie vor unsere Diskurse. Träume von Machtergreifung und Revolution prägen unser Bild von vergangenen Kämpfen: Wir haben eine Postkarte aus einer anderen Zeit gekauft und wollen dies nun selbst erleben. Wenn unser einziger Maßstab eine sofortige massive weltweite Veränderung ist, dann sind die Anstrengungen von kleinen Kollektiven oder Affinity Groups stets zum Scheitern verurteilt.

Die Konsumgesellschaft füllt unsere Köpfe mit Slogans wie

»Größer ist besser«, »Quantität statt Qualität« oder »Kraft durch Masse«, so dass es nicht verwundern sollte, dass der Traum von einer größeren und besseren Massenbewegung so dominant unter Radikalen jeglicher Couleur ist. Wir sollten nicht vergessen, wie viel Kreativität, Leben und Innovation von jenen kommt, die sich einer Assimilation verweigern. Oft macht die kleine Gruppe, die den Mainstream verachtet, die fantastischsten Entdeckungen. Egal ob die BäuerInnen in Chiapas oder die Freaks in der Schule: das sind die Leute, die sich weigern, als ein weiteres Gesicht in der Masse unterzugehen.

Das Verlangen nach Masse führt zu einer Reihe fehlerhafter Entscheidungen und Verhaltensweisen. Die gefährlichste Tendenz ist das Bestreben, unsere Politik und unsere Ziele zu verwässern und abzuschwächen, um die Unterstützung einer breiten Masse zu erhalten. Dieses sehr bequeme Verhalten führt zu schwachen homogenen Kampagnen, die das politische Äquivalent zu den professionell hergestellten Schildern sind, die auf so vielen Demonstrationen und Protestmärschen die Ideen der OrganisatorInnen dogmatisch nachbeten. Trotz der Lippenbekenntnisse gegenüber lokalen Kämpfen, Projekten und Kampagnen sind diese für den Dinosaurier nur von Nutzen, wenn sie in die Masse integriert und von ihr aufgesogen werden können. Die Vielfalt der Taktiken, Ansätze und Schwerpunkte, die sich leicht innerhalb einer heterogenen Gruppe ausbilden, müssen durch Kompromisse glatt gewalzt werden, damit sie einem leicht verdaulichen Slogan oder Ziel untergeordnet werden können. In diesem Albtraum verkommen unsere Ziele und Aktionen zu einem Haufen unterschriebener Anmeldeformulare, zu vom Staat zugebilligten Protestzügen oder einfach nur zu weiteren Namen auf Unterschriftensammlungen: allesamt Massenaktivitäten.

Wir bezahlen für diesen Gewinn an Masse mit erstickter Kreativität und abgeschwächten Zielen. Ideen, welche die Medien abschrecken könnten oder komplexer sind als einfache sloganhafte Botschaften der Marke »Kein Blut für Öl« oder »Dies ist nicht mein Präsident«, werden vermieden, weil sie Diskussionen und Spaltungen provozieren könnten und somit die Masse reduzieren würden. Die notwendigen internen Debatten, Meinungsverschiedenheiten und regionalen Unterschiede müssen heruntergespielt werden. Dabei sind es gerade diese Unterschiede, die unseren Widerstand so anpassungsfähig und flexibel machen und dadurch die Grundlage für innovative und kühne Entwicklungen bilden.

In diesen traurigen und absolut vorhersehbaren Situationen ist der markante Spruch, der kleine Fernsehauftritt das Wichtigste. Zu jedem Zeitpunkt sind alle Augen auf das übergeordnete Ziel gerichtet: Größe. Masse. Das Bestreben nach Masse und Homogenität (welche Hand in Hand gehen) schränkt die nichtkonformen und radikalen Initiativen, die Leute, die etwas Neues ausprobieren wollen, ein. Ein oft vorgebrachter Einwand gegenüber kreativen oder militanten Aktionen ist, dass sie in den Medien nicht gut rüberkommen, dass sie unsere gemeinsame Botschaft schwächen oder aber bestimmte WählerInnenschaften und potentielle Verbündete vergraulen. Die Forderungen nach Konformität, in der Regel dargeboten durch zynisches Auf-die-Brust-Geklopfe und »Einheit«-Gebrülle, sind mächtige und effektive Mittel zur Zensur des leidenschaftlichen Widerstands derer, die sich nicht der Massenpolitik, d.h. massenkompatibler Politik, verpflichtet fühlen. Was uns in Demonstrationen und in unseren Communities fehlt, ist nicht Einheit oder Konformität, sondern ehrliche Solidarität.

Um ihre eigenen Ziele zu erreichen, benutzen die Dinosaurier das Mittel der Angst. Sie bedienen sich der Gefahren, mit denen wir uns tagein tagaus innerhalb unserer Widerstandsgruppen konfrontiert sehen. Massenorganisationen versprechen uns Sicherheit und Kraft durch Masse. Wenn ihr also bereit seid, eure Ideen, eure Themen und eure Initiativen dem Dinosaurier zu opfern, werdet ihr in seinem riesigen Bauch sicher beschützt werden. Zweifelsohne sind viele Leute bereit, ihre Botschaften, Ziele und Widerstandsformen einem Gefühl von Sicherheit zu unterwerfen, aber diese Sicherheitsversprechen, ob sie nun von Demonstrationserlaubnissen oder langen Unterschriftensammlungen stammen, sind absolut wertlos. Der Staat ist sehr erfahren, wenn es um es darum geht, Massenbewegungen lahm zu legen: Da die angebliche Stärke eines Dinosauriers in seiner schwerfälligen Größe liegt, ist alles was der Staat tun muss, einen bestimmten Teil einer Bewegung aus dem Gesamtkörper herauszuschneiden. Dies macht er durch Verhaftungen, Aufsaugen kleinerer Initiativen und Gruppen, winzige Zugeständnisse, Einschüchterung oder durch das Angebot von ein ›paar Plätzen am runden Tisch‹. Durch die Spaltung der Bewegung in Gruppen, die dann einzeln absorbiert werden können und eine Minderheit von Radikalen verliert die Bewegung an Kraft und die Moral sinkt. Diese durch verschiedene Epochen hindurch immer wieder eingesetzte Methode ist überaus effektiv, wenn es dem Staat darum geht, Bewegungen wegzuputzen, die für soziale und politische Veränderungen eingetreten sind.

Aber es gibt noch andere Träume: Träume von Anarchie, die nicht von schwerfälligen Proto-Dinosauriern heimgesucht werden. Dies sind keine Träume von ›der Revolution‹, sondern von vielen Hunderten von Revolutionen, welche regional begrenzt oder international sein können und zugleich einen originell-erfinderischen und einen militanten Charakter besitzen können. Die Monokultur einer großen Bewegung auf der Suche nach ›der Revolution‹ beachtet nicht die Lebenserfahrung der einzelnen Menschen. In Nordamerika schaffen wir als AnarchistInnen etwas Neues. Manchmal ziehen wir dem Dinosaurier der Linken schon sein labbriges Fell ab, ohne uns dessen bewusst zu sein, und schaffen dabei wilde und unberechenbare Widerstandsformen: eine Unmenge an Kämpfen, alle von ihnen bedeutsam und alle von ihnen miteinander verbunden.

Die Träume der AnarchistInnen sind die Albträume der kleinen Dinosaurier: egal ob sie Washingtoner Politniks, gut bezahlte GewerkschaftsfunktionärInnen oder ParteibürokratInnen sind. In einem ungeordneten Strom von Individuen und kleinen Gruppen kann der Widerstand überall und immer arbeiten. In den letzten paar Jahren, also seit Ende der 90er Jahre des letzen Jahrhunderts, hat die Mischung aus Antiglobalisierungsbewegungen, lokalem Aktivismus, lokalen Kampagnen, Anarcho-VaganbundInnen und Technikfreaks – verbunden mit der Solidarität für internationale Widerstandskämpfe – etwas völlig Neuartiges in Nordamerika erschaffen. Wir tauschen die Massenbewegung einfach durch eine Unmenge von Bewegungen aus, in denen es keinen Grund gibt, unsere Leidenschaften zu unterdrücken, unsere Kreativität zu verstecken oder unsere Militanz abzulegen. Für die Ungeduldigen mag es den Anschein haben, dass wir zu wenige sind und wir nur kleine Siege erringen. Wenn wir aber erst die Ansprüche auf eine überlegende Masse abgelegt haben, werden wir erkennen, dass im Kleinen nicht nur Schönheit, sondern auch wahre Kraft liegt.

DER KONTROLLWAHN

Wenn die Dinosaurier mit der stürmischen Wildheit der Realität konfrontiert werden, verfallen sie in einen fiebrigen Größen- und Kontrollwahn. In ihrem Wahn erschaffen sie die Welt komplett neu nach ihren schwülstigen Vorstellungen. Sie walzen die Wildheit einfach nieder und stellen an ihre Stelle ein Ödland, das ihre eigene Leere widerspiegelt. Die einstige unglaubliche und komplexe Vielfältigkeit der Natur wird ersetzt durch die tote Eintönigkeit von Asphalt und Beton.

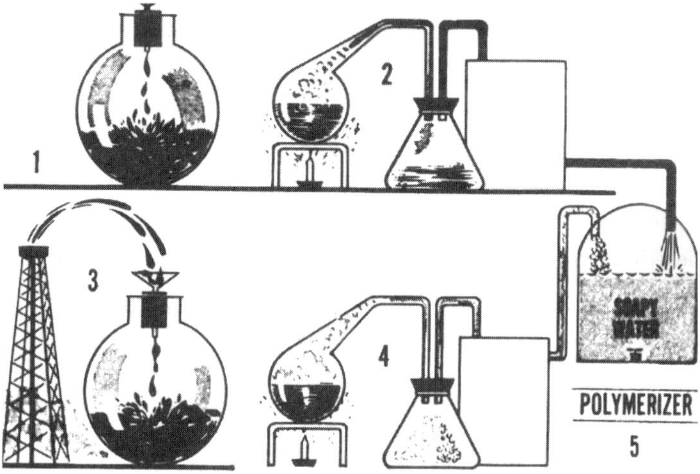

Dieser Kontrollwahn ist in allen Dinosauriern und denen, die mit ihnen in Kontakt kommen, tief verwurzelt. Sogar in vielen ausgemachten RevolutionärInnen. Dieser Kontrollwahn beeinflusst sowohl unsere Beziehungen zu anderen Menschen als auch die Weise, wie wir unsere Gedanken ausdrücken und unsere Leben führen. Wenn wir uns die US-amerikanische Gesellschaft näher anschauen, können wir das hohe Maß von Opfern häuslicher Gewalt, brutaler Durchsetzung eigener Interessen, institutionalisierter Homophobie, Sexismus und Rassismus nicht übersehen. In derselben Weise, wie Dinosaurier das Ökosystem zerstören, gründen sich ihre sozialen Beziehungen zu Verbündeten und PartnerInnen auf Effizienz, Kontrolle, Wachstum und Gewinnorientiertheit. AnarchistInnen haben sich dieses Verhaltens auch schuldig gemacht. Was einst eine Gemeinschaft war, wird zu einer Bewegung; FreundInnen werden durch bloße Verbündete ersetzt. Träume verkommen zu Ideologien und die Revolution wird zur Arbeit.

RevolutionärInnen versuchen verzweifelt, die sie umgebende Welt zu kontrollieren – ein sinnloses Unterfangen, da die Welt von einem doppelköpfigen Monster, einer Kreuzung aus Statosaurus und Mulitnationalosaurus, kontrolliert wird. Viele Radikale ziehen sich von der Gegenwart zurück und fristen ein Geisterdasein in einer revolutionären Vergangenheit oder Zukunft. Es ist daher nicht verwunderlich, dass RevolutionärInnen, die ihre eigenen Diskurse glauben, ausbrennen oder, schlimmer noch, zu SesseltheoretikerInnen mutieren. Es ist eben einfacher über die Zukunft zu sinnieren, als in der Gegenwart etwas zu unternehmen.

Es ist viel einfacher theoretisch über die Welt zu philosophieren oder über eine Revolution zu reden, als eine wirkliche Revolution durchzuführen. Vorraussagen und Postulate darüber, welche Gruppe denn nun die revolutionärste wäre sind sogar noch lächerlicher. Diese TheoretikerInnen, diese vollkommenen ExpertInnen nehmen für sich das Recht in Anspruch, diejenigen zu bestimmen, die die Revolution in einer rosigen Zukunft durchführen werden. Wen werden sie wohl diesmal wählen? Die ArbeiterInnen? Das Proletariat? Die Jugend? Die Farbigen? Menschen aus dem Trikont? Wahrscheinlich jedeN, außer sich selbst.

Niemand weiß, wie diese Revolution aussehen soll, am wenigsten wissen es diese tatterigen SesseltheoretikerInnen, die ihre direkte Umwelt nicht kennen, aber nach der vollkommenen Dialektik suchen. Menschen, die mit beiden Beinen auf der Erde stehen, wissen instinktiv, dass kein Buch über revolutionäre Theorien jedes Detail der Zukunft enthalten kann. Vieles von dem, was ›revolutionär‹ genannt wird, kann getrost als irrelevant angesehen werden. Die Stimmen des Widerstands in den Communities sind durch ihre kleinen Aktionen in einer Art und

Weise lebendig, der keine Theorie gerecht werden würde. Wer betrügt denn nicht bei den Steuern, versucht den Cops aus dem Weg zu gehen oder schwänzt Schulstunden oder Vorlesungen? Diese Aktionen mögen vielleicht nicht revolutionär sein, aber sie sind gegen die Kontrolle von oben gerichtet.

Anarchistische Ansätze müssen relevant für die alltäglichen Probleme der Menschen sein und dabei genug Flexibilität besitzen, um Kämpfe in unterschiedlichen Situationen und Kontexten führen zu können. Wenn wir das erreichen, wird die Welt nach den Dinosauriern erblühen können. Vielleicht gehören wir auch selbst zu den Glücklichen im Widerstand, die durch ihre Aktionen mithelfen, die Dinosaurierherrschaft zu stürzen.

FOLK ANARCHY
REVOLUTION OF EVERYDAY LIFE
COMMUNITIES OF RESISTANCE
INSURRECTIONISM
Situationism
ANARCHO COMMUNISM
Guerilla Warfare
LEFTISM
Classical Anarchism
DAS KAPITAL
MARXISM
ESTERN RATIONAL THOUGHT
PRIMITIVISM

GEGEN EXPERTENTUM UND EFFIZIENZ

Wir als AnarchistInnen erschaffen eine Kultur, die es mehr und mehr Menschen möglich macht, sich von der Herrschaft der Dinosaurier zu befreien. Momentan sind Agitation und Propaganda die Mittel unserer Wahl, um die Herzen anderer zu entzünden: Es sind Funken, die entzünden können, aber noch keine Revolutionsflammen. Dies hat Ungeduld, aber auch Zynismus hervorgerufen, aber als AnarchistInnen müssen wir Vertrauen haben. Wir sind im Begriff, eine Revolution in Gang zu setzen, in der wir nicht nur die Produktionsmittel kontrollieren, sondern auch unsere eigenen Leben.

So etwas wie die ›Wissenschaft der Veränderung‹ gibt es nicht. Revolution ist keine Wissenschaft. AktivistInnen sollten keineswegs SpezialistInnen auf dem Gebiet sozialer Veränderung sein, sondern vielmehr KünstlerInnen auf dem Gebiet des Ausdrucks ihrer eigenen Persönlichkeit. Die große Lüge aller ExpertInnen ist die Behauptung, Zugang zum Exklusiven, zum Unfassbaren, ja zum Unvorstellbaren zu haben. Die unbeliebten und selbstproklamierten ExpertInnen der Revolution verlangen noch einiges mehr als nur deine Treue. Vor allem verlangen sie, dass du effizient an einem dir zugewiesenen Platz in der gut geölten Maschinerie arbeitest.

Effizienz hat aus Gartenanbau eine genmanipulierte Nahrungsmittelindustrie und aus öffentlichen Verkehrsmitteln 16-spurige Autobahnen gemacht. Effizienz verlangt nach der Illusion des immerwährenden Fortschritts, egal wie sinnlos er ist. Unsere Ablehnung der Effizienz hat zu vielen großartigen Projekten geführt. Food Not Bombs mag vielleicht nicht der effizienteste Weg sein, Essen zu denen zu bringen, die hungrig sind, aber es ist oft effektiver bezüglich seiner Ziele und sinnvoller als all die Regierungsprogramme, religiösen Suppenküchen oder effizienten Anstrengungen großer Konzerne, wenn es um die Verteilung von Essen geht. McDonalds verspricht uns eine schnelle und effiziente Version des Ereignisses Essen; ist das aber nicht genau die Antithese zu der Welt, die wir uns ersehnen? Effizienz motiviert viele Kampagnen und Projekte, und zu viele AktivistInnen haben sich schon selbst zu unglaubwürdigen und flachen Charakteren degradiert und ähneln mittlerweile den gesichtslosen Typen aus der Werbelandschaft. Ihr Kreuzzug für Effizienz und verwertbare (soll heißen vermarktbare) Themen hat sie in einen Wettbewerb mit Unternehmen, Regierungen und anderen AktivistInnen um die Gunst der Öffentlichkeit geworfen.

Wie der Traum von der Masse ist auch die Effizienz eine Gottheit im Ehrentempel des Wahnsystems der Dinosaurier. Es ist nichts dabei, bestimmte Sachen einfach fertig zu kriegen, einige Projekte sind auch eine wahre Plackerei und sollten schnell durchgezogen werden, aber unsere persönlichen Beziehungen und unser gemeinsames Verlangen nach Veränderung sind keine Angelegenheiten, durch die wir durchhasten sollten; wir sollten sie nicht schnell und effizient abarbeiten.

Durch die eingegrenzte Sichtweise des/der effizienten AktivistIn, der/die immer nur diskutiert und nie lebt, wird jegliche Veränderung im Voraus geplant und ist somit per se langweilig und öde. Genau unter diesen ExpertInnen finden sich jene BürokratInnen, die bei dem Gedanken an eine Revolution durch freie Individuen ohne ihre Erlaubnis und ohne Leitung durch die Partei vor Angst schlottern. Dieser Schlag Leute findet sich in der gesamten revolutionären Geschichte: Heute sind es die, die das Chaos in einer Demonstration fürchten oder über Klassenkampf sprechen, ohne dabei zu erwähnen, dass es auch revolutionär ist, Zwänge und Beschränkungen im alltäglichen Leben abzulehnen und zu bekämpfen. Ja, es sind genau jene, die sich auf Leichen stellen, um zu der Masse von oben herab sprechen zu können. Sie zittern bei dem Gedanken, dass Leute mit Ideen oder Ideen selbst nicht mehr kontrolliert werden könnten. Für diese selbsternannten ExpertInnen der sozialen Veränderung ist die effizienteste Demonstration eine mit einer einzigen klaren Aussage, einer klaren Zielgruppe und einem zu befolgenden Ablaufplan, der nach Möglichkeit von ihnen selbst geschrieben wurde.

Werden wir diese politische Maschinerie nachäffen? Werden wir versuchen, dem Staat zu ähneln? Die linke Version dieser Maschinerie wird wieder einmal versuchen, alle Unterschiede zu beseitigen, um ein Endprodukt zu kreieren: Das Ende der Geschichte, Utopia, DIE Revolution. Diese Maschinen verbrauchen unsere Lebensenergie und tragen zu dem so weit verbreiteten

Burn-Out-Syndrom in unseren Reihen bei. Eine Massen-E-Mail zu verschicken, mag vielleicht effizienter sein, als mit einem/einer Fremden zu reden oder einen Limonadenstand in einem Park aufzustellen, aber es ist nicht notwendigerweise effektiver. Vom Hier zum Dort den langen Weg zu nehmen, macht durchaus Sinn.

Jedesmal, wenn wir unsere Probleme von ExpertInnen lösen lassen, geben wir ein bisschen mehr unserer Autonomie auf. RichterInnen, ProfessorInnen, WissenschaftlerInnen, PolitikerInnen, Cops, Bankiers: das sind die Motoren der Effizienz. Die Mittel dieser Leute können niemals unsere Beziehungen oder unsere Gesellschaft verändern; sie können alles höchstens noch beschissener machen. In ihrer Welt wird es immer Konsumierende und Konsumierte, Gefangene und Eroberer, AktionärInnen und Verschuldete geben. Die kleinen Dinosaurier bekämpfen die großen Dinosaurier und wollen die Welt gemäß einem Plan verändern, den weder du noch ich gesehen haben und der auch nicht von uns, sondern von SesseltheoretikerInnen entworfen wurde.

DAS ENDE DER DINOSAURIER IST ERST DER ANFANG

Es gibt einen Ausweg. Der Ausweg aus der Konsum-Kapitalismus-Regierungs-Falle kann nicht durch Flucht in eine Kommune, die Wälder oder das Kellergeschoss im Haus deiner Eltern gefunden werden. Wir müssen die Konfrontation wagen und anfangen, das derzeitige Desaster zu beseitigen. Dies erfordert, dass wir nicht als eine Masse isolierter KonsumentInnen etablierten Ideologien folgen, sondern als Individuen unsere eigene Zukunft in die Hand nehmen. Die alten Mythologien hatten DIE

Revolution, DIE Demokratie und natürlich DAS Utopia – und sind alle in gewissem Sinne fehlgeschlagen. Bei dem Versuch, etwas Neues und Sinnvolles zu erschaffen, können wir nur auf uns selbst zählen.

Die Zellen unseres Widerstands sind über ganz Nordamerika und über die ganze Welt verstreut: manche von ihnen jung und ungestüm, andere gesetzter und erfahrener, aber alle bereit für die Liebe und den Krieg. Diese Wechselwirkung ist die Grundlage für etwas enorm Schönes. AnarchistInnen haben große Herzen und große Träume, und wir sind nicht die ersten, die diese Träume träumen und diese Gedanken haben: wir haben Vorfahren. Anstelle von unkritischer Verehrung oder Unkenntnis gegenüber der Vergangenheit müssen wir unsere eigenen Werkzeuge erschaffen, unsere eigenen Geschichten erleben und unsere eigenen Legenden erzeugen.

›Anarchie‹ – so haben wir unsere Pfeile genannt, die wir auf die Herzen der Dinosaurier gerichtet haben. Es ist keine Religion, keine bloße Ideologie oder Politikrichtung; es ist ein lebendes, sich entwickelndes Widerstandssystem. Es ist ein Versprechen, das wir uns selbst gegeben haben. Auf den folgenden Seiten werdet ihr den Versuch eines Kollektivs zur Beschreibung von aktuellen Ansätzen zur Anarchie finden: die Ansätze der einfachen Menschen. Es gibt sicherlich noch eine Menge anderer Varianten. Sie sind durch viele verschiedene Aktionen miteinander verbunden. Wir werden kämpfen, wir werden erschaffen, wir werden lieben und wir werden uns entwickeln. Anarchie findet nicht irgendwo anders in einer anderen Zeit statt. Anarchie ist der sinnvollste Weg zwischen uns und der Freiheit.

DER NÄCHSTE ZUG

»Sie sind faul.« – »Sie sind dreckig.« – »Sie stehlen und man kann ihnen nicht vertrauen.« – »Sie sind wie Parasiten, die unsere Vorräte auffressen.« Wir alle haben sie schon erlebt. Wir alle haben uns eine Meinung über sie gebildet. Wir wissen alles über AnarchovagabundInnen.

Dies sind ein paar der verbreiteten Beschwerden einiger sesshafter AnarchistInnen gegenüber ihren reisenden Geschwistern. Wenn man sich diese Einwände anschaut, dann erkennt man schnell, dass sie denen anderer Menschen an anderen Orten gleichen: es sind die gleichen stereotypen Vorurteile wie die der OsteuropäerInnen gegenüber Sinti und Roma, der VorstädterInnen gegenüber Menschen aus den Stadtzentren, der GewerkschafterInnen gegenüber arbeitssuchenden mexikanischen (und anderen) MigrantInnen oder der Deutschen gegenüber den ›türkischen GastarbeiterInnen‹.

Seit Anbeginn der Geschichtsschreibung existiert ein Gegensatz zwischen Menschen, die fest an einem Ort leben, und ihren nomadischen Nachbarn. Einer der Gründe für diesen Gegensatz rührt zweifelsohne aus dem Glauben, dass heimatlose NomadInnen den Sesshaften die hart erarbeiteten Ressourcen stehlen, wenn es zu Engpässen kommen sollte. Es gibt aber auch die Theorie, dass diese Spannungen durch den Neid der Sesshaften auf den freien und uneingeschränkten Lebensstil der NomadInnen hervorgerufen werden. Unabhängig von seiner Ursache sind die Resultate dieses Konflikts immer die gleichen: Misstrauen und Feindseeligkeit. Leider sind viele AnarchistInnen auch in diese Falle getappt und haben umherreisende Menschen mit Stereotypen belegt und sie verunglimpft. Dabei sind AnarchistInnen schon immer umhergereist. Ob nun Bakunin (wahrscheinlich der Prototyp des reisenden Anarchisten) bei der Organisation der First Black International oder Emma Goldman mit ihren Propagandareisen durch die Dörfer und Städte Nordamerikas – AnarchistInnen haben seit jeher ihre Ideen und Projekte mit auf die Reise genommen. Heute führen wir diese Tradition fort und nehmen unsere Projekte und unsere politischen Pläne überall mit hin: wir schlagen uns mit Zügen durch, unternehmen extravagante Radtouren, reisen in heruntergekommenen Vans mit einem Haufen Band-Equipment, warten auf Stand-by- und Last-Minute-Flüge, veranstalten Lesetouren oder strecken ganz einfach unsere Daumen raus. Es gibt etliche Gründe für das Reisen, die nicht einer hedonistischen und individualistischen Motivation entspringen. Reisen hat ein politisches und kulturelles Potenzial, das unsere Widerstandsformen stärken kann, für eine gegenseitige Befruchtung von Projekten sorgt und gegenseitige Hilfe möglich macht.

DIE VERBREITUNG DER MEME

Der menschliche Kontakt von Angesicht zu Angesicht ist bedeutungsvoller, als Kommunikationswege wie Fernsehen, Telefon, Internet, Magazine oder Bücher zu benutzen. Es ist einfach ein unbeschreibliches Gefühl, wenn du jemand aus einer anderen Community triffst und dir klar wird, dass ihr die gleichen Leidenschaften teilt und euch dieselben Projekte interessieren. Reisen bringt uns zusammen. In dieser Zeit, in der Anarchie zu einer Angelegenheit von langweiligen Buchmessen und Universitätscampi verkommen ist, haben sich entschlossene Mitglieder unserer Community daran gemacht, die libertären Ideen über das ganze Land, ja die ganze Welt hinweg zu verbreiten. Diese Ideen, manchmal auch Meme genannt, mutieren und verändern sich und tauchen an Orten und in Kontexten auf, die man nicht für möglich gehalten hätte.

Reclaim The Streets (RTS) war ursprünglich ein Ergebnis von Protesten gegen den Bau neuer Straßen in Großbritannien, die darauf abzielten, die Landschaft zu erhalten. Zu diesen Protesten zählte auch der Kampf um Twyford Down. Im Laufe der Zeit nahmen immer mehr AktivistInnen aus den Städten teil, so dass der Fokus der Proteste sich letztendlich von einem Protest gegen bestimmte Straßenbauprojekte hin zu einem

Protest gegen die Vereinnahmung durch Autos im Allgemeinen verschob. Der Einsatz von Tripods und anderen Taktiken, die schon effektiv im Kampf gegen den Straßenbau eingesetzt worden waren, wurden nun zur Blockade bereits bestehender Highways inmitten von London verwendet. Was als ein normaler Protest begann, entwickelte sich zu etwas Besonderem. Prompt blühte das Konzept der »Street Partys« mit Musik, Puppen und Direct-Action-Aktivitäten auf und verbreitete sich im Laufe eines Jahres in ganz England. Nach zwei Jahren war diese Protestform bis nach Finnland vorgedrungen. Nach vier Jahren hatte sich das ursprüngliche RTS in den Global Action Day verwandelt, an dem mehr als 10.000 Menschen in Nigerias Öl-Hauptstadt Port Harcourt die Straßen mit Gesang und Tanz zurückeroberten und dabei die Niederlassungen des mörderischen Öl-Konglomerats blockierten (Wart Ihr am 30. November 1999 auch auf der Straße? Das war nämlich auch ein Global Action Day). Als das RTS-Phänomen den Atlantik überquerte, mutierte es erneut und verbreitete sich in den gesamten USA, in der New Yorker U-Bahn ebenso wie in den Vororten von Naperville, Illinois. Einen substantiellen Anteil an dieser Verbreitung hatten Menschen, die ihre Erlebnisse mit anderen durch Reisen teilten. Das Mem des RTS überwand seinen anfänglichen Kontext und wurde für viele Menschen auf der ganzen Welt bedeutsam.

Reisen eröffnet nicht nur die Möglichkeit, andere Leute, Projekte und Widerstandskämpfe einer bestimmten geographischen Gegend kennen zu lernen, sondern den Reisenden wird auch ermöglicht, aktiv an diesen Kämpfen und Projekten teilzunehmen. Eins der ersten Dinge, die der/die Reisende den GastgeberInnen anbieten kann, ist natürlich, Hausarbeiten zu übernehmen (ja, Abwaschen!), aber sie können noch ganz andere Sachen machen. Der/die Reisende bringt Wissen, Leidenschaft und bestimmte Fähigkeiten in die Community ein: seine/ihre über das ganze Leben und in verschiedenen Orten angesammelten Erfahrungen. Ohne reguläre Jobs oder ähnliche zeitliche Einschränkungen stellen diese Herumreisenden eine kulturelle und politische Verstärkung im nordamerikani-

schen Guerilla-Kampf dar, den wir momentan führen. Gerade, weil wir keine passiven InformationsempfängerInnen sind, sondern uns von Angesicht zu Angesicht austauschen, sind wir aktive PartnerInnen in einem kulturellen Dialog. Das ist die zu Grunde liegende Prämisse von Konferenzen, Kongressen und Encuentros. Erfolgreiche Veranstaltungen, wie die Konferenz der PAZ in Lousville, haben gezeigt, dass es möglich ist, Leute aus dem ganzen Land und Übersee zusammenzubringen, Ideen und Pläne zu diskutieren, Trainings und Workshops abzuhalten, Aufnäher und Stencils zu tauschen, neue Kontakte zu knüpfen und sogar – kein Ding der Unmöglichkeit – eine gute Zeit dabei zu haben.

Bei diesem Austausch ist Vielfältigkeit ein wichtiger Faktor: nicht nur bezüglich der ethnischen Herkunft und der Hautfarbe, sondern auch geographisch. AnarchistInnen aus Kansas haben ihre eigene Version des Anarchismus, die aber Gemeinsamkeiten mit der Version der AnarchistInnen aus Maine hat. In bestimmter Weise haben diese beiden auch etwas mit dem bolivianischen oder koreanischen Anarchieverständnis gemein. All diese unterschiedlichen Gruppen stimmen anarchistische Praktiken auf ihre speziellen Umweltgegebenheiten ab. Sicherlich sind Gemeinsamkeiten sehr wichtig, aber eigentlich sind es die Unterschiede, aus denen die interessantesten Projekte entstehen. Die lokalen Unterschiede sorgen für eine lebendige und unmittelbare Kultur, so dass Innovationen nicht durch einzelne, einseitige Ansätze verdrängt werden. Ebenso wie die unterschiedlichen Dialekte einer Sprache sind die regional

verschiedenen Anarchieansätze in der Lage, die ganze Sache zu bereichern und bunter zu machen. Anstatt eine homogene Ideologie zu sein, die nach einer vorgeschriebenen Bedienungsanleitung funktioniert, ist Anarchie in Tausenden Communities zu Hause und basiert auf der Überlappung von verschiedenen Kulturen, politischen Ansätzen und Methoden. Diese verschiedenen Anarchieformen brauchen nicht inhaltlich vereint zu werden, genauso wenig brauchen sie ein einheitliches Äußeres. Wenn ein ursprünglich aus Chicago stammender Reisender seine Erfahrungen bei einer Baumbesetzung in Cascadia oder einer besetzten Farm in Brasilien einbringt, dann verbreitet er auch gleichzeitig seine eigene Variante des anarchistischen Mems. Nur die Zeit wird zeigen, wie es weitergeht.

JE MEHR, DESTO BESSER

Wenn Leute von außerhalb in deine Stadt kommen, um zu helfen, gibt das Power und stärkt die Moral. Als AnarchistInnen aus verschiedenen Landesteilen zu einer Reservation von Native Americans in Upstate New York reisten, um Oneida-Familien zu schützen, die mit Gewalt aus ihren Häusern vertrieben werden sollten, war dies wieder ein Beweis dafür, dass Reisen stark mit dem Wunsch, einander Hilfe anzubieten, verbunden ist. Die Familien waren überrascht, zugleich aber begeistert von dem Hilfsangebot der Fremden, und die AnarchistInnen waren glücklich, für eine Zeit aktiver Teil dieses Widerstandes werden zu können. In diesem Fall wäre der Kampf für Autonomie ohne die engagierte Arbeit der lokalen Politgruppen unmöglich gewesen. Die Reisenden brachten ihre Freiheit, also ihre freie Zeit und Flexibilität, in diesen Kampf ein und machten ihn somit erfolgreich. In einer ganz anderen Gegend, nämlich in New York City, wurden die Community Gardens in der South Bronx (darunter der geliebte Cabo Rojo) über Monate hinweg durch Reisende und AnarchistInnen aus anderen Orten am Leben erhalten, indem diese eine Art Mikro-Community auf besetztem Gelände aufbauten und gemeinsam mit den lokalen

AktivistInnen in Gang hielten. Kongresse, Demonstrationen und Konferenzen haben all den Leuten aus unterschiedlichen geographischen Gegenden die Möglichkeit gegeben, voneinander zu lernen und ihre Erfahrungen zu teilen. Außerdem ist es durch das Reisen möglich, dass geographisch recht isolierte lokale Gruppen Hilfe von nicht erwarteter Seite erhalten.. Wenn sich eine nationale oder internationale anarchistische Kultur jemals bemerkbar machen wird, dann aufgrund dieser Art der Interaktion.

Die Autoritäten sind berechtigterweise beunruhigt über unsere Fähigkeit, Gleichgesinnte aus anderen, geographisch zum Teil weit entfernten Gruppen zu mobilisieren. An einem bekannten RTS-Tag im nordamerikanischen Durham, North Carolina, wurde der diensthabende Polizeiwachtmeister beobachtet, wie er sich darüber aufregte, dass Hunderte von AnarchistInnen aus Eugene und San Francisco anwesend waren – obwohl der Protestzug hauptsächlich aus lokalen AktivistInnen bestand. Die Polizei war geschockt über die Fähigkeit der TeilnehmerInnen, sich einfach so zu versammeln und erfolgreich ihre Ziele in gemeinsamen Aktionen umzusetzen. Ihre einzige Entschuldigung war, dass die »Seattle Kids« nur gekommen seien, um ihr Revier zu behaupten; dass auch in ihrer eigenen Stadt AnarchistInnen lebten war ihnen in keinster Weise bewusst,. Für den Erfolg dieser Veranstaltung war die Tatsache ausschlaggebend, dass die lokalen AktivistInnen durch AnarchistInnen aus North Carolina, studentische AktivistInnen, Straßenkids und einige abgehärtete Reisende Verstärkung erhielten. Nur sehr wenige lokale Gruppen sind in der Lage, Veranstaltungen aufzuziehen, bei denen sie nicht von der Polizei überwältigt werden; aber gerade durch das Reisen ist es möglich, unerwartet viele Leute zu mobilisieren und die Autoritäten auf Trab zu hal-

ten. Anstatt von einer undifferenzierten Masse bei der Überwältigung unserer Feinde abhängig zu sein, profitieren wir von der Unterschiedlichkeit und den individuellen Talenten jedes und jeder Einzelnen. Das ist die grundlegende Stärke der Anti-Globalisierungsbewegung, und diese Taktik kann auch in einer Reihe anderer Kämpfe und unter anderen Umständen von Nutzen sein.

»PATIENCE MAKES THE HOBO STRONG«

[in etwa: Geduld macht den Vagabunden stark] – Graffiti in einem Bahnhof für ausrangierte Züge in Waycross, Georgia

Grenzen sind nicht physisch, sondern mental. Solange wir glauben, BürgerInnen eines bestimmten Landes zu sein oder uns auf eine bestimmte Gemeinschaft limitieren zu müssen, werden wir immer den Kürzeren ziehen. Wir sollten alle Reisen! Reisen, egal ob durch das ganze Land, um zu einer Anti-IWF-Demo zu kommen, oder nur durch die Stadt, um sich mit einer Gruppe zu treffen, mit der man erst seit kurzem an neuen Projekten arbeitet. Reisen ist ein guter Weg, um mit anderen Menschen Verbindung aufzunehmen. Unsere Solidarität sollte nicht nur denen gelten, die in unserer Nachbarschaft oder unserer Stadt wohnen.

Freundschaft ist ein hervorragendes Medium, um Leidenschaften auszuleben. Viel besser als Bücher, Zines oder das Internet. Leider leben viele AnarchistInnen weit entfernt von den Regionen, wo sie ihre Träume und Projekte realisieren könnten. Reisen und Reisende können als potentielle Katalysatoren dienen, um diesen geographisch isolierten Leuten die Möglichkeit

zu geben, an ihren Projekten zu arbeiten und sie gedeihen zu sehen, ohne dass sie umziehen müssen. Wenn die AnarchistInnen in den USA hoffen, einmal mehr als nur eine marginale Kraft zu sein, dann müssen sie versuchen, auch die einsamsten Ecken dieses riesigen Landes zu erreichen. Ironischerweise zerstören Reisende nicht unsere Gemeinschaften, sondern stärken die lokalen Widerstandsgruppen durch den Austausch und das Teilen von Ideen, Ressourcen und Arbeitskräften.

Einige NeinsagerInnen werden einwenden, dass das Reisen an und in sich nicht radikal ist. Im Grunde ist das auch wahr: EinE MillionärIn kann ein Flugzeug nach Barbados nehmen und ein ganzes Hotel für sich allein buchen – ebenso können Crusties in den USA mit Zügen durch das Land ziehen, um der Wirklichkeit zu entfliehen. Das Potenzial des Reisens liegt in den relativen Freiheiten, die es uns bietet: Zeit für die Teilnahme an Projekten, die Möglichkeit zur Verbreitung von Materialien und Informationen, Flexibilität und Energie für neue Projekte, die Unterstützung von weit entfernt lebenden AktivistInnen usw. Durch das Reisen kann die Isolation bekämpft werden, und es vermittelt Hoffnung in einer ansonst trostlosen Welt. Wie jedeR Reisende weiß, bedarf es Geduld und Anstrengung, um an einen Ort zu gelangen, an dem man noch nicht war: Lasst unsere gemeinsamen Wege alle zur Anarchie führen.

NOCH NIE HAT ES
SO VIEL SPAß GEMACHT...
MIT BLUMEN ZU SCHMEIßEN

ÜBER PFLICHT UND SPASS HINAUS

Zu viele Freundschaften, Kollektive und Projekte sind schon sinnlos auseinander gebrochen, weil es Differenzen über die zu Grunde liegenden Motivationen für die politische Arbeit gab. Diese Spaltung aufgrund unterschiedlicher fundamentaler Motivationen bedroht sogar die vom ideologischen Standpunkt her gefestigsten Projekte und Kollektive. Dieses Hindernis ist durchdringender und destruktiver als das Grün-vs.-Rot-Sektierertum oder die Spaltung in Pazifismus vs. Direkte Aktion. Es besitzt auch die bedauerliche Fähigkeit, Freundschaften auseinander zu reißen und die Leute danach mit der Frage nach dem Warum zurückzulassen. Bis dato wurde sehr wenig über dieses Thema aus einer anarchistischen Perspektive geschrieben, außer vielleicht über die negativen Aspekte dieses Problems.

Worum handelt es sich nun genau bei dieser impliziten Bedrohung der kollektiven Arbeit? Die Antwort liegt in den grundlegenden Motivationen, die Leute dazu bringen, in Projekten mitzuarbeiten. Wie wir alle wissen, ist ein Großteil unserer Arbeit alles andere als glanzvoll oder spektakulär, sondern erfordert viel Energie und Ressourcen. Oft erreichen unsere Aktionen nicht das Niveau unserer hochtrabenden Vorstellungen und manchmal bedeuten sie auch eine Gefahr für uns. Der Burn-Out ist ein unglaublich verbreitetes Übel unter vielen AktivistInnen, die enorm viel Zeit und Energie in die Realisierung ihrer Projekte gesteckt haben. Wegen dieser Probleme ist es wichtig, die Motivation der Leute, mit denen wir zusammenarbeiten, als auch ihre politischen Ansichten zu kennen. Die eigene Motivation auf die anderen Mitglieder eines Kollektivs zu projizieren, ist ein todsicheres Rezept für Ressentiments und das Scheitern des Projekts.

Aus traditioneller Sicht gibt es unter AnarchistInnen zwei

Hauptmotivationen (oder das, was als Motivation wahrgenommen wird): Pflichtbewusstsein und Freude/Spaß. Wie bei allen dualen Wertesystemen ist es leicht, in eine simplifizierende Schwarz-Weiß-Malerei zu verfallen und die große Palette der Grautöne zu übersehen. Besser wäre es, diese beiden Motivationen als die Endpunkte eines Kontinuums zu sehen, die alle zwischen ihnen liegenden Bereiche erhellen.

Motivationen können nicht von Erwartungen getrennt werden. Wir sind motiviert, uns in bestimmten Projekten zu engagieren, weil wir gewisse Vorstellungen über unser Engagement und seine Ergebnisse haben. Erwartungen, die nicht kollektiv geteilt oder nicht zur Sprache gebracht werden, können schädlich für die Ausarbeitung von Projekten sein. Der Hauptmaßstab für die Bewertung der Wirksamkeit eines Projektes ist das Maß, in dem die Erwartungen an das Projekt erfüllt worden sind. Unterschiedliche Erwartungen ergeben unterschiedliche Evaluationen. Diese Unterschiede können die Fähigkeit eines Kollektivs beeinträchtigen, aus in der Vergangenheit gemachten Fehlern zu lernen, weil unterschiedliche Bewertungsmaßstäbe benutzt werden. Pflicht und Freude/Spaß sind schon von Natur aus zwei unterschiedliche Motivationen, so dass sich eine Divergenz aus den Erwartungshaltungen der Beteiligten ergibt, die zu widersprüchlichen Evaluationen und Analysen führen, wenn es darum geht, was Erfolg für ein Kollektiv oder ein Projekt bedeutet.

Grundlegend unterschiedliche Motivationsrichtungen, wie Pflicht und Freude/Spaß, sind weitaus hartnäckiger als politische Meinungsunterschiede, weil sie oft das Resultat grundlegender Charakterzüge sind. Motivationen, die im Unterbewusstsein oder im Unbewussten verankert sind, sind sehr resistent gegen rationale Argumente, historische Präzedenzfälle, logische Manipulationen oder andere auf das Bewusstsein ausgerichtete Methoden. Kurz gefasst kann auf intellektuelle Weise nicht immer erklärt werden, warum wir bestimmte Projekte machen. Diese widersprüchlichen Motivationsansätze sind wahrscheinlich die Elemente, die uns am stärksten in unserer täglichen kollektiven Arbeit entzweien. Um unseren Weg aus diesem Minenfeld der Motivationspsychologie zu finden, müssen wir verstehen lernen, auf welche Weise sich diese beiden polarisierenden Typen manifestieren, um dann neue Wege zu suchen, um beide zu ergänzen.

Pflicht oder Pflichterfüllung war bis vor kurzem das traditionelle Motiv für radikale Projekte, es war die vorherrschende Motivation in anarchistischen Gruppen. Das liegt ohne Zweifel an unserer tragischen Geschichte. Anarchistische Kämpfe sind zum Großteil eine Verkettung aus bitteren Niederlagen, Repressionen und Marginalisierungsprozessen gewesen. Was hat also so viele AktivistInnen in den dunklen Jahren ihrer harten und selbstlosen Arbeit motiviert? Die Antwort scheint ein starkes Pflichtbewusstsein zu sein, das auf einem stark ausgeprägten Sinn für Gerechtigkeit basiert, welcher wiederum gepaart ist mit dem Glauben an eine bessere Welt. Dieses Pflichtbewusstsein hat eine Reihe von ›MärtyrerInnen‹ geschaffen – Menschen, die alles für die Sache aufgegeben haben. Diejenigen, die aus diesem Pflichtbewusstsein heraus arbeiten, erwarten, dass die

Arbeit aufreibend und unangenehm ist. Trotzdem fühlen sie, dass sie getan werden muss. Diese AnarchistInnen verschwenden keinen Gedanken daran, ob ihre Arbeit erfüllend ist oder Freude bereitet. Politische Arbeit aus einem Pflichtbewusstsein heraus zu tun, heißt endlose Treffen, Shit-Work, Kampf und Überstunden. Das Engagement jedes und jeder Einzelnen wird bewertet nach der Menge Stunden, die er oder sie mit freiwilliger Arbeit in unangenehmen Projekten verbringt. Aufopferung wird zu einem stetigen und konkreten Ideal für diese AnarchistInnen. Durch die Menge an Energie und unbefriedigender Arbeit gibt es große Bedenken bezüglich der Langlebigkeit von Projekten und der Bewertung ihrer Effektivität beim Voranbringen der Sache. Pflichtbewusstsein konzentriert sich sehr stark auf die Erhaltung von Projekten. Oft wird viel Energie aufgewendet, um Projekte zu erhalten, die ihre ursprüngliche Funktion überlebt haben oder nie wirklich funktionierten.

Die Erwartungen der nach dem Pflicht-Modell Arbeitenden sind meist objektiv und extern. Dass heißt, dass die Bewertung von Erfolg und Niederlage aufgrund äußerer Faktoren (Medienpräsenz, Wirkung auf die Gemeinschaft, Rekrutierungen, aufgebrachte Mittel oder Langlebigkeit) erfolgt. Viele dieser Erwartungen sind leicht quantifizierbar, und folglich ist die empirische Analyse die vorherrschende Bewertungsmethode der ›pflichtbewussten‹ AnarchistInnen. Diese Fixierung auf empirische Ansätze und Quantität schürt wiederum das Verlangen nach weiteren quantifizierbaren Ergebnissen, eine Einstellung, die sich durch die gesamte Geschichte der politischen Linken zieht.

Freude bzw. Spaß ist hingegen eine relativ neue und oppositionelle Kraft in der Arbeit der AnarchistInnen. Natürlich gibt es diesbezüglich viele Lippenbekenntnisse, welche am besten durch Emma Goldmans berühmten Satz »Wenn ich nicht dazu tanzen kann, ist es nicht meine Revolution!« exemplifiziert werden können. Dieses neuere Freude-Spaß-Modell im Anarchismus stammt jedoch aus den späten 80ern des letzten Jahrhunderts (also Punk, Atheismus, reisende Subkulturen, etc.) und ist ein direktes Erbe der Hippies und der New Left der 60er Jahre. Bei ihm gründet sich die Motivation auf ›Vergnügen‹. Freude und Spaß versuchen, aus politischer Arbeit ein Spiel zu machen. Aufopferung und Märtyrertum der alten Linken werden abgelehnt und durch ausgelassene Partys und Spaß bringende Aktivitäten und Aktionen ersetzt. Das Freude-Spaß-Modell bewertet politische Arbeit nicht nach der Anzahl der geleisteten Arbeitsstunden oder Aufopferung, sondern danach, wie aufregend, kraftgebend und stimulierend ein Projekt auf kollektivem und persönlichem Level ist. Aktivismus muss immer aufregend und stimulierend sein; deshalb sind durch Freude und Spaß motivierte Projekte meist nicht sehr langlebig, sondern fallen bald auseinander, nachdem der ursprüngliche Thrill weg ist. Oft wird keine Rücksicht auf die langfristigen Folgen der Projekte für die Community genommen. Diese AnarchistInnen sind tendenziell auch skeptisch gegenüber historischen Projekten, die von den durch Pflichtbewusstsein motivierten AnarchistInnen verehrt werden.

Im Freude-Spaß-Ansatz werden – wie im Pflicht-Modell auch – die Erwartungen von den Motivationen bestimmt. Doch im Widerspruch zu diesem liegt der Fokus der Erwartungen auf subjektiven Erlebnissen und qualitativen Veränderungen und nicht auf dem quantitativ Messbaren. Die Erwartungen beinhalten oft Spaß und eine Bestärkung der Beteiligten, Bewusstseinsschaffung, Kreativität und den Reiz des Neuen. Werden diese qualitativen Maßstäbe nicht erreicht, gilt das Projekt als unzulänglich – werden hingegen nur einige dieser Erwartungen erfüllt, wird es unabhängig von seiner Außenwirkung als Erfolg betrachtet. Der Freude-Spaß-Aspekt und seine Betonung der individuellen Bedürfnisse, subjektiven Erlebnisse und Bestärkung der Beteiligten sind eher typische Merkmale hedonistischer Hippie- und Punksubkulturen als der traditionellen Linken.

Weil viele anarchistische Projekte nicht widerspruchsfrei in eines dieser beiden Modelle passen (besonders nicht am Anfang), finden sich oft Personen mit beiden Motivationen in ihnen zusammen. Zu Beginn kann das zu Spannungen und auch zu Ressentiments und Ausschlüssen führen. Dies ist in den letzten Jahren so oft passiert, dass sich eine absolut irrelevante ›Sozialer Anarchismus vs. Lifestyle Anarchismus‹-Debatte entsponnen hat, die keinerlei Nutzen hat und beide Motivationstypen falsch repräsentiert und einander entfremdet. Wir sind uns klar darüber, dass die Diskussion um Freude/Spaß und Pflicht eine ähnlich verhängnisvolle Teilung zur Folge haben könnte, und es wäre kontraproduktiv, diese Aufspaltung voranzutreiben. Wir sollten lieber versuchen, das gesamte Motivationsspektrum zu verstehen, ohne eine falsche Einigkeit oder neue sektiererische Grabenkämpfe anzustreben. Beiden Motivationstypen gerecht zu werden, kann mit dem Prozess der Konsensschaffung verglichen werden.

Von beiden Seiten wurden Stereotype aufgebaut, mit der die jeweils andere Seite attackiert werden kann, ohne dabei auf die Unterschiede in der Motivation einzugehen, die wiederum letztlich das Engagement bestimmt. Dadurch wird die Aufsplitterung des Anarcho-Spektrums einmal mehr vorangetrieben.

Dieser Essay ist kein bloßer Aufruf an alle, endlich zusammenzukommen, denn dieses Ziel ist nur schwer zu erreichen und wahrscheinlich noch nicht einmal unbedingt erstrebenswert. , Vielmehr ist nötig, einen ianderen Ansatz zu entwickeln, da beide Motivationsansätze ernsthafte Unzulänglichkeiten aufweisen. Um erfolgreich zu sein, muss dieser neue Ansatz die Stärken des Pflicht- und des Freude-Spaß-Modells vereinen. So kann die Solidarität innerhalb anarchistischer Kollektive maximiert und die existierende Kluft zwischen den VertreterInnen der beiden Ansätze minimiert werden.

Die gute Neuigkeit ist, dass eine beachtliche Anzahl der AnarchistInnen in Projekten und politischen Gruppen sich keinem der beiden Extreme des Pflicht-Freude-Kontinuums zuordnen lässt. Wir empfehlen einen auf Sinn und Bedeutung basierenden Motivationsansatz. Hoffentlich wird die Artikulation des Sinn-Ansatzes nicht nur die Spannungen abbauen, die so viele Projekte ersticken, sondern auch ein Anstoß für neuartige und erfolgreiche Projekte sein.

Hauptsächlich auf Sinn und Bedeutung basicrende Motivationen sind schon immer Teil des Anarchismus gewesen – eigentlich haben beide Extreme des Pflicht-Freude-Kontinuums ihren Ansatz mit dem Begriff Sinn bei ihren gegenseitigen Attacken gerechtfertigt. Gerade weil beide Ansätze das Wort Sinn für sich beansprucht haben, ist es wichtig, zu erklären, was unter einer auf Sinn basierten Motivation zu verstehen ist. Erich Fromm beschreibt die auf Sinn basierende Motivation folgendermaßen: »Sie enthält beide, also objektive (Pflicht) und subjektive (Freude/Spaß) Formen des Verstehens.« Sinn wird bestimmt durch die Analyse von externen Effekten und ihre Abwägung mit internen Gefühlen. Eine durch Sinn motivierte Anarchistin versucht persönliche (interne) und öffentliche (äußere) Wirkung durch ihre Taten zu erreichen.

Werden Projekte hinsichtlich ihres Sinns betrachtet, so kann die Bewertung aus dieser Perspektive umfassender und tiefgründiger erfolgen als durch die beiden anderen limitierten Ansätze. Dies wird möglich, weil man quantitativen und qualitativen

Ansprüchen gleichermaßen gerecht wird. Unsere Anstrengungen können nun auf verschiedenen Achsen beurteilt werden. Es ist nicht länger die Frage, wie viele Stunden eine Person arbeitet, sondern wie viel Spaß und Freude sie dabei empfindet. Ein Projekt wird nicht nur durch das bei seiner Durchführung empfundene Maß an Spaß und Freude, sondern auch hinsichtlich seiner Effektivität bei der Erfüllung seines Ziels bewertet. Keine der beiden Seiten ist der anderen überlegen. Viel eher geht es beim Sinn um die Suche nach der Harmonie. Durch die Berücksichtigung beider Erwartungshaltungen, wird eine reichhaltigere und detailreichere Analyse unserer Politik möglich. Die Frage nach dem Sinn stellt auch ein nützliches Werkzeug dar, wenn es darum geht, zu entscheiden, welche Projekte die Aufwendung unserer limitierten Energien und Ressourcen wert sind.

Der Sinn-Ansatz hat den Vorteil, alle erfolgreichen anarchistischen Kämpfe und Projekte in sich zu vereinen. Er stellt auch für GenossInnen, die an eines der Extreme des Kontinuums gebunden sind, eine Möglichkeit dar, miteinander zu arbeiten, ohne ihre eigentlichen Motivationen zu unterdrücken oder aufzugeben. Mit der Suche nach Sinn in unseren Projekten geht die Forderung nach vollkommener Realisation unserer Anstrengungen und Ressourcen einher. Wir werden uns nicht länger mit einem der Extreme des Kontinuums zufrieden geben, sondern nach der Verbindung von beiden streben.

Die Betonung von Sinn limitiert auch den destruktiven Effekt des Burn-Out, eines der ewigen Hindernisse der anarchistischen Arbeit. Der Burn-Out ist die Konsequenz, wenn zu viel unserer Zeit und Ressourcen an bedeutungslose Projekte verschwendet wird. Bedeutsame und sinnvolle Unternehmungen hingegen setzen neue Energien frei und geben uns sehr viel zurück. Sie versorgen uns mit neuem Schwung, um unsere Kämpfe weiterzuführen und langlebige Projekte zu betreiben. Auf Sinn basierende Projekte bieten aufregende Möglichkeiten und neuartige Erfahrungen, die viele Leute aus dem gesamten Pflicht-Freude-Spektrum ansprechen.

In einer Kultur, die in Massenproduktion gleichermaßen Pflicht-intensive Arbeit und hedonistische Spaß-Produkte herstellt, wird der Preis unserer Arbeit, unserer Ressourcen und unserer Leben durch Sinn gerechtfertigt. Kapitalismus gedeiht an beiden Extremen des Pflicht-Freude/Spaß-Kontinuums, indem sinnlose Beziehungen und Hierarchien erschaffen werden, die uns in ArbeiterInnen und KonsumentInnen unterteilen. Anarchie hat eine Lösung für dieses Problem einer absurden, dualen Gesellschaft. Sinnvolle Projekte werden ein besserer Anreiz für erfahrene AnarchistInnen sowie neue Leute sein.

Einzig Projekte, die wirklich versuchen, die internen und externen Bedürfnisse auszubalancieren, werden auf Dauer dem sinnlosen Quatsch der Konsumkultur Widerstand leisten können. Weder durch Pflichtbewusstsein noch durch Freude/Spaß allein kann ein neues und besseres Leben in unseren pulsierenden Widerstandskommunen entwickelt werden. Eine andere Welt ist sicherlich möglich, aber es muss eine sinnvolle sein.

SIND HEUTE NICHT ZUM PLENUM GEGANGEN...
UND ICH GLAUB AUCH NICHT, DASS WIR MORGEN GEHEN...
MAHA 03/03

VON SCHMETTERLINGEN, TOTEN HERZÖGEN, DEN RÄDERN DER SINTI UND ROMA UND DEM MINISTERIUM FÜR SELTSAMKEIT

Spätestens seit den Tagen Kropotkins haben sich AnarchistInnen bewusst vom Begriff des Chaos distanziert. Legenden besagen sogar, dass der geheimnisvolle Kreis um das A die Ordnung im Chaos repräsentiert. In den letzten Jahren hat sich jedeR seriöse anarchistische SchreiberIn bemüht, die Anarchie vom Chaos zu distanzieren. Trotzdem sind Chaos und Anarchie für die meisten normalen Menschen auf ewig vereint. Die Verbindung zwischen Chaos und Anarchie sollte überdacht und analysiert werden, anstatt sie herunterzuspielen und zu unterdrücken. Chaos ist der Albtraum der Herrschenden, der Staaten und der KapitalistInnen. Aus diesem und aus anderen Gründen ist das Chaos unser natürlicher Verbündeter in unseren Kämpfen. Wir sollten das Image des Anarchismus nicht aufpolieren, indem wir das Chaos ausradieren, sondern uns daran erinnern, dass das Chaos brennende Ruinen sowie Schmetterlingsflügel sein können.

»Vorhersagbarkeit bedeutet Macht«

– Auguste Comte, Begründer der Soziologie

Seit der Aufklärung versuchen PolitikerInnen, wissenschaftliche Prinzipien in Politik und Wirtschaft zu benutzen, um die Menschen zu kontrollieren. Die Arroganz der SoziologInnen, der ÖkonomInnen und anderer ExpertInnen offenbart sich in ihrem Glauben, dass das menschliche Verlangen gemessen, gefördert und folglich kontrolliert werden kann. Diese Versuche, alles vorhersagen und kontrollieren zu können, ist schon immer der feuchte Traum der totalitären Regime und der Werbefirmen der ganzen Welt gewesen. Seit Marx (der sich selbst gern als ›Wissenschaftler für das Verhalten der Massen‹ darstellte) hat die revolutionäre Avantgarde jeglicher Couleur geglaubt, die perfekte Gleichung für die Revolution entdeckt zu haben: ein Malen-Nach-Zahlen-Ansatz für die soziale Veränderung. Professionelle PolitikerInnen und professionelle RevolutionärInnen versuchen vollendete ExpertInnen auf dem Gebiet der Manipulation der politischen Maschinerie zu werden – allerdings beherrschen die echten BerufspolitikerInnen dieses Spiel momentan besser als ihre Verwandten bei den AktivistInnen.

Es ist keine Überraschung, dass die SoziologInnen der Revolution, ernste College-MarxistInnen und AnarcholiteratInnen, so verliebt in Parteiprogramme, Politikansätze, Geschichte und trockene Theorie sind. Zu ihrem Unglück und unserem Glück kennt das Chaos keine Regeln.

EINE KLEINIGKEIT MIT GROSSEN FOLGEN

»Der Flügelschlag eines einzelnen Schmetterlings sorgt für winzige Veränderungen in der Atmosphäre und für eine gewisse Zeit spielen sich als Folge Prozesse ab, die normalerweise nicht eingetreten wären. So tritt zum Beispiel ein Tornado der die indonesische Küste verwüstet hätte nicht auf – oder aber es wird ein anderer ausgelöst, der vielleicht gar nicht erst entstanden wäre.«

Edward Lorenz, Meteorologe 1963

Die kleinste Veränderung in den Initialbedingungen eines Systems kann auf drastische Weise die späteren Abläufe in diesem System verändern. Dieses Phänomen, ähnlich der Chaostheorie, ist bekannt als Schmetterlingseffekt. Minimale Messunterschiede, atmosphärische Aufladungen, Geräuschkulissen oder andere kleine Ungenauigkeiten, also leicht zu übersehende Veränderungen, können exponentiell anwachsen und auf unerwarteten Wegen noch unerwartetere Resultate fern jeder Vorstellungskraft provozieren.

Diese Funktionsstörungen, Macken und Geister in der Maschinerie unterliegen zu sehr dem Zufall, als dass sie von den Supercomputern irgendeiner Regierung entdeckt werden könnten. AnarchistInnen können deshalb aus den unvorhergesehenen Wendungen bestimmter Ereignisse ihre Vorteile ziehen und dabei das Chaos als geheime Waffe gegen Kontrollregime verwenden. Wer weiß schon, ob eine Frau, die ihren Sitzplatz in einem Omnibus nicht hergeben will, eine Bürgerrechtsbewegung auslösen oder eine Clique von wütenden Kindern im richtigen Moment am Hot-Dog-Stand nebenan einen kompletten Aufstand lostreten wird. Chaos kann die Verhältnisse vollkommen umdrehen und selbst der gefestigtste Dinosaurier ist davor nicht sicher. In instabilen und schwer einschätzbaren Situationen, wie bei Demonstrationen, können unbedeutende Vorgänge oft die Richtung und den Verlauf eines ganzen ›Systems‹ verändern und zu einem Chaos im besten Sinne des Wortes führen.

Die PolitikerInnen dieser Welt konnten nicht vorhersehen, dass die Ermordung von Erzherzog Ferdinand in irgendeiner Ecke des Austro-Ungarischen Imperiums den Zusammenbruch von drei der größten Weltreiche in weniger als einem Jahrzehnt bedeuten würde. Sicherlich existierten die politischen Spannungen zu dieser Zeit auch ohne die Ermordung des Erzherzogs, aber die Tat an sich entzündete ein Pulverfass, bei dessen Explosion die politischen und ökonomischen Realitäten ganzer Imperien zerstört wurden. Genauso kann der Flügelschlag eines Schmetterlings in West Virginia potenziell einen Hurrikan – oder eine Revolution – in Argentinien auslösen.

WIR SURFEN AUF DEN FRAKTALWELLEN DER REVOLUTION

Chaos ist viel realer als eine Welt, die einfach in lineare Gleichungen und eigenständige Objekte aufgeteilt wird. Diese unwirklichen Objekte sind viel zu perfekt, als dass sie außerhalb von Mathematikbüchern existieren könnten. Die wahre Welt ist chaotisch, lebhaft und ständigen Veränderungen unterworfen, die weit über die menschliche Vorstellungskraft hinausgehen. Abstraktionsvermögen kann nützlich sein für das Planen von Auseinandersetzungen mit den Cops, das Pläneschmieden fürs nächste Jahr oder beim Studieren der Stadtpläne von für uns neuen Städten. Allerdings sind die meisten Abstraktionen nicht sinnvoll, weil sie die kleinen Details nicht berücksichtigen. Die Welt ist chaotisch und jedes Mal, wenn eineR glaubt, sie kontrollieren zu können, findet sie Wege und Mittel, den- oder diejenige auf die Nase fallen zu lassen.

Die Fraktaltheorie hat gezeigt, dass die Welt nicht so ›real‹ ist, wie wir anfangs dachten. In einem viel diskutierten Essay über Englands Küste wurde gezeigt, dass die Größe und die Form der Maßeinheit sich stark auf das Endergebnis auswirken. Verwenden wir den Meter als Maß, wird sich eine kürzere Küstenstrecke ergeben als bei einem kleinen, biegsamen Millimetermaß. Ob du es magst oder nicht: Die Küste Englands ist unendlich flexibel. Selbst eine 1:1-Karte einer bestimmten Stadt könnte niemals genau diese Stadt darstellen. Es gibt viele ›Städte‹ in jeder Stadt, und unser Bild davon hängt stark von der Art und Weise ab, in der wir unsere Umwelt wahrnehmen und auf was wir uns konzentrieren. Der Vorteil dieses an Borges angelehnten Realitätsempfindens ist, dass AnarchistInnen die Möglichkeit haben, die Welt durch eine Vielzahl von Linsen zu betrachten und zu verstehen. Im politischen Bereich haben sich die Autoritäten auf die eine ›wahre‹ Darstellung festgelegt, während wir offen für eine Reihe chaotischer Möglichkeiten sind.

AnarchistInnen können verschiedene Perspektiven und Maßstäbe benutzen, um festzulegen, für welche Projekte die Arbeit lohnt. Mit dem linearen und großen Maßstab der globalen Revolution verschwimmen die Details und viele essentielle Projekte erscheinen weniger wichtig. Revolution, genauso wie Englands Küste, ist von unseren Bewertungswerkzeugen abhängig. Wir können diese Flexibilität in unseren Maßstäben zu unserem Vorteil nutzen. Pflicht und Spaß/Freude sind nur ein Teil unserer Motivationspalette. Persönliche Befreiung, Klassenkampf, globaler Umweltschutz und Kämpfe um politische Autonomie sind verschiedene Formeln, um den Wert einer Aktion oder eines Projektes festzulegen. Werden sie auf eine bestimmte Situation bezogen, ergibt sich jedes Mal ein anderes Ergebnis.

GLÜCK ALS VERBÜNDETE DER REBELLINNEN

Wir müssen uns mit dem Glück verbünden, wenn wir die riesigen Hindernisse überwinden wollen, die sich unseren Unternehmungen entgegenstellen. Wir können nicht vollkommen unbekümmert in das Casino der politischen Revolution gehen und so tun, als wüssten wir nicht, dass die Bank (der Status Quo) die eindeutig größeren Gewinnchancen hat. Wir können das Glück suchen, wo andere es nicht fanden. Glück ist die Kombination einiger spontaner Zufälle, die wir erkennen müssen und zu unserem Vorteil nutzen können. Diese Ereignisse können weder geplant noch produziert werden. Glücklicherweise ist diese überaus komplexe Welt bis zum Rand mit potenziell entscheidenden Zufällen gefüllt, die allen unerschrockenen RebellInnen zur Verfügung stehen, wenn sie nur die Augen offen halten. Das bedeutet, dass wir unsere Pläne flexibel gestalten müssen, um diese Möglichkeiten von einem Moment auf den anderen nutzen zu können. Einen verlassenen Container an einer Demonstrationsroute zu finden, kann leicht darüber entscheiden, ob man durch eine Polizeikontrolle kommt oder stecken bleibt – besonders, wenn der Container als Rammbock benutzt wird.

Wie können wir nun Chaos zu unserem Vorteil in unserem alltäglichen Widerstandskampf benutzen? Wie können wir hoffen, eine solche unbeständige Größe zu unserer Verbündeten zu machen, wenn die Situationen nicht vorhersagbar und die Ergebnisse so ungewiss sind? Das sind Fragen, die anarchistische Gruppen und Think-Tanks in der ganzen Welt beschäftigen. Wir können aus jedem Erlebnis lernen und sollten nicht so arrogant werden und denken, wir könnten alles im Voraus planen. Starre hierarchische Systeme fürchten das Chaos, lehnen Fraktale ab und arbeiten nicht mit dem Glück. Diese Arroganz der Dinosaurier ist von großem Vorteil für unseren Widerstand. Ein vielfältiger Widerstand kann nicht auf vorgefertigtes Management und Strategien zur Massenüberwachung aufbauen.

Es ist wichtig zu erkennen, dass wir nicht die Ersten sind, die Chaos als eine Taktik entdecken. Chaos ist integraler Bestandteil von einer Reihe antiker und weniger antiker Kulturen – von den Hopis bis zu den San der Kalahari. Eine Vielzahl anarchistischer Gruppen hat sich nicht nur an das Chaos dieser Welt gewöhnt, sie fanden vielmehr effektive Wege, es zu nutzen.

KULTUREN DES CHAOS

Die nomadischen Roma – auch bekannt unter dem diskriminierenden Begriff ›Zigeuner‹ – stellten über ein Jahrhundert lang ein ›Problem‹ für die AnthropologInnen dar. Ihre Zahl war nur sehr gering und sie hatten keinerlei ökonomische, politische oder militärische Macht und konnten sich so 600 Jahre jeglicher Assimilation verwehren. Die Roma und Sinti besitzen ein faszinierendes und sehr chaotisches System der gegenseitigen Hilfe, das auf dem Mythos des Rads der Sinti und Roma, auch »Zigeunerrad«‹ genannt, basiert. Materielle Hilfe wird anderen Reisenden freizügig zur Verfügung gestellt in dem Glauben, dass es den Gebenden zu einem späteren Zeitpunkt, wenn die Notwendigkeit besteht, vergolten wird. Gegenseitige Hilfe wird dem oder der Bittenden nur unterwegs, das heißt auf der Straße (ein von jeher linearer Raum) gewährt. Dieses System der gegenseitigen Hilfe ist abhängig von einer sich ständig verändernden Konstellation natürlicher Zeichen, welche von Außenstehenden als altmodischer Aberglaube abgetan wird. Weil diese Zeichen zufällig auftreten, können sie von keinem Individuum bewusst manipuliert werden. Außenstehende BeobachterInnen haben dieses System als eine fundamentale Überlebensstrategie begriffen, welche die Roma gegen diejenigen benutzt haben, die versuchten, sie zu zerstören oder zu assimilieren. Dieser nichtlineare Ansatz zur gegenseitigen Hilfe mag zuerst zu willkürlich erscheinen, als dass er für eine ganze Gesellschaft funktionieren könnte, aber er hat sich zu einer fundamentalen Säule der Roma-Kultur entwickelt. Unsere Interaktionen und unsere Großzügigkeit mit bzw. gegenüber Fremden bringt uns oft unerwartete Belohnungen und dies fast immer zum richtigen Zeitpunkt.

Ein anderes Beispiel aus einer viel größeren Kultur und einer anderen Epoche: Über eintausend Jahre hinweg konsultierte das chinesische Imperium das so genannte »Ministerium der Seltsamkeit«, wenn seine imperialistischen Pläne fehlschlugen oder sich Unerwartetes ereignete. Dieses Ministerium wurde vorab nie über die ursprünglichen Pläne informiert. Es konsultierte dann das I-Ching („Orakel der Wandlungen«: Stängel der als magisch geltenden Pflanze Schafgarbe wurden geworfen, um ihre Positionierung zur Wahrsagung zu benutzen), um neue Pläne zu entwerfen. Dieses effektive Verfahren wurde aufgegeben, als der wissenschaftlich-orientierte Dschingis Khan die Macht ergriff. Sein Sohn, Kublai Khan, führte ironischerweise dieses Ministerium wieder ein und erweiterte es sogar. Anstatt kleinlaut erfolglose Modelle und Projekte zu replizieren, sollten wir lieber unerschrocken neuartige und unerforschte Wege beschreiten.

Im revolutionären Bereich ist Chaos als ein Werkzeug anzusehen, das selbst den oder die mächtigsteN GigantIn umhauen kann. SaboteurInnen wissen, dass selbst der einfachste Gegenstand (zum Beispiel ein Holzpantoffel) dazu benutzt werden kann, um die effizientesten und kompliziertesten Systeme auszuschalten. Umso komplexer ein System ist, desto einfacher ist es auch lahm zu legen. Das ökonomische Äquivalent zur Unfähigkeit des Staates, das Chaos zu bekämpfen, ist die Tendenz der KapitalistInnen, sich zunehmend abhängig von Technologie und Bürokratie zu machen und damit anfälliger für chaotische Widerstandsformen zu werden. Eine dieser Widerstandsformen ist zum Beispiel das Hacken von Computern.

Wir müssen Chaos als einen wichtigen Bestandteil politischer und sozialer Umwälzung begreifen. Wir können es als einen Faktor in unser alltägliches Leben einbauen. Chaos ist wie der Joker, der es einer kleinen Gemeinschaft wie der unseren erlaubt, einen größeren Eindruck und eine größere Wirkung zu hinterlassen. Mit Hilfe des Chaos können wir mehr erreichen, als all die SpezialistInnen zu denken in der Lage sind. Es ist sogar so, dass größere Gruppen weitaus träger sind und selten aus dem sich permanent verändernden Lauf der Dinge Vorteile ziehen. So lange wir uns nicht an festgefahrene Taktiken klammern und spröde Modelle imitieren, sind wir in der Lage, uns einer sich ständig verändernden Umgebung anzupassen.

Mit einer gesunden Dosis Skepsis gegenüber der Avantgarde und den SpezialistInnen mit den immer korrekten Visionen, Parteiprogrammen oder Politikansätzen für den Umbruch wollen wir immer die Augen offen halten für die unerwarteten Möglichkeiten, die uns das Chaos bietet.

ZELLE, CLIQUE ODER AFFINITY GROUP

Der Begriff ›Affinity Group‹ wird vielfach in anarchistischen Kreisen verwendet. Bezüglich der Natur von Affinity Groups herrschen zum Teil falsche Vorstellungen – genauso wie über ihre Bedeutung im Kampf für radikale Veränderungen. Affinity Groups haben einige offensichtliche Gemeinsamkeiten mit den Organisationsformen der Zelle und der Clique, aber sie existieren in anderen Kontexten. Für eineN AußenstehendeN kann es mitunter sehr schwierig sein zu bestimmen, ob eine Gruppe eine Zelle, eine Clique oder eine Affinity Group ist. Diese Tatsache hat zweifelsohne zu Verwirrungen geführt. Alle drei Gruppen bestehen aus 3 bis 9 Individuen (Personen), die zusammen arbeiten, sich gegenseitig unterstützen und in ihrer Struktur nach außen hin geschlossen sind. Je nach ihren Zielsetzungen, können sie in einer Vielzahl von Projekten, angefangen bei ganz profanen Sachen bis hin zu revolutionären Aktivitäten, tätig sein, aber das war es auch schon mit ihren Gemeinsamkeiten.

Eine Zelle ist Teil einer größeren Organisation oder einer Bewegung mit einer festgelegten politischen Ideologie. Meist erhalten einzelne Zellen Anweisungen von der ihnen übergeordneten Organisation. Im Allgemeinen sind Zellen arbeitsorientiert und haben keine primär soziale Funktion für ihre Mitglieder. Bestimmte Zellen (derselben Organisation) sind miteinander durch gemeinsame Ziele verbunden, benutzen aber unterschiedliche Taktiken.

Eine Clique hingegen ist eine Gruppe von Leuten, die sich von einer größeren Gemeinschaft oder Organisation losgelöst hat. Soziale Cliquen sind relativ häufig; gute Beispiele lassen sich an jeder Schule finden. Dort gibt es Gruppen wie Sportheinis, schnieke Schnösel, StreberInnen oder Computerfreaks. Cliquen sind meist sehr isoliert und tendieren dazu, zwischen sich selbst und ihrem Umfeld unflexible Grenzen aufzubauen. Sie arbeiten selten an Projekten oder ähnlichen Dingen.

Eine Affinity Group hingegen ist eine autonome Gruppe von Individuen, die bestimmte Vorstellungen miteinander teilen. Diese Vorstellungen der Mitglieder müssen nicht alle identisch sein, aber die involvierten Personen teilen gemeinsame Werte und Erwartungen. Affinity Groups bilden sich aus größeren Communities heraus, so zum Beispiel UmweltschützerInnen aus einer bestimmten Region mit großen Umweltproblemen oder einzelne Mitglieder von Hip-Hop-Gruppen, die gemeinsame Auftritte organisieren. Zwei Affinity Groups, die aus derselben Community hervorgegangen sind, können völlig unterschiedliche Perspektiven, Interessen und Methoden haben. Diese Verschiedenartigkeit ist der Organisationsform der Zelle unbekannt. Affinity Groups haben einen stärkeren Bezug zu ihrer ursprünglichen Gemeinschaft und suchen normalerweise nach Möglichkeiten, mit anderen Affinity Groups und Organisationen ihrer Community Kontakt aufzunehmen. In diesem Punkt unterscheiden sie sich von den um Abschottung bemühten Cliquen. Eine Affinity Group kann auch sehr eng mit anderen Gruppen außerhalb ihrer Gemeinschaft zusammenarbeiten.

Affinity Groups haben den politischen Vorteil, Brücken zwischen verschiedenen Communities zu schlagen. Affinity Groups arbeiten oft in geschlossenen Strukturen, was von den Dinosauriern bekanntermaßen kritisiert wird. Es ist aber auch so, dass viele AnarchistInnen sich wohl dabei fühlen, gleichzeitig in verschiedenen Affinity Groups mitzuarbeiten. Dadurch entstehen personelle Beziehungen zwischen verschiedenen Affinity Groups, die neben einer größeren Verbundenheit auch eine echte Solidarität und ein grundsätzliches Verständnis zwischen den diversen Communities fördern. Dies ist der so genannte ›Fremdbestäubungs-Effekt‹. So kann zum Beispiel das Mitglied einer Affinity Group mit Fokus Direct Action, das gleichzeitig Mitglied in einer feministischen Mediengruppe ist, neue Möglichkeiten für beide Gruppen eröffnen. Das Medienkollektiv könnte militanter werden und die Direct-Action-Gruppe könnte sich für feministische Methoden und Ansätze öffnen. So kann die Aktivistin ihre verschiedenen Interessen in zwei

Gruppen verfolgen, die sich auf ihre Hauptanliegen konzentrieren, ohne dass Direct Action, radikaler Feminismus und Medienarbeit zu einer schwerfälligen Supergruppe verschmelzen müssen. Paradoxerweise erschaffen diese zusammengerückten Affinity Groups einen sicheren und unterstützenden Background für die Entwicklung noch größerer Verbundenheit und Gemeinsamkeit und erweitern so das Netz für gegenseitige Hilfe, Verständnis und Unterstützung.

Es ist gleichermaßen wichtig, die durch ihre Beschaffenheit bedingte Begrenztheit von Zellen und Cliquen zu erkennen, wie auch der Charakterisierung der Affinity Group als elitär oder geschlossen zu widerstehen. Affinity Groups eröffnen ungeahnte Möglichkeiten bei der Vernetzung verschiedener Gruppen und bieten den Leuten eine positive Umgebung bei der Verfolgung ihrer Interessen und Ziele.

STOLZ, PURISMUS UND PROJEKTE

›Anarcho-Pride‹ sollte etwas sein, das wir in unseren Projekten und in unseren Leben hochhalten. Er bietet jenen, mit denen wir zusammenarbeiten, eine Art Transparenz, d.h. sie können von vornherein erkennen, an was wir glauben und wie wir uns verhalten. Kurz gesagt geht es um Ehrlichkeit. Der Anarcho-Purismus ist die dunkle Seite des Anarcho-Pride. Der Purismus verlangt, dass alle, die zusammen arbeiten, die gleichen politischen Ansätze, die gleichen politischen Programme und das gleiche Verhalten teilen müssen – nicht nur für eine gewisse Zeit oder die Dauer eines Projekts, sondern für das ganze Leben. Dies erzeugt einen funktionsgestörten und unbrauchbaren Puritanismus, der ganze Communities verkrüppelt und absurde ›Wer-ist-der-dollste-Anarchist‹-Debatten provoziert. Diese Debatten haben z.B. einige Tierrechts- und Vegan-Projekte zerstört. Der Unterschied zwischen Stolz und Purismus ist sehr subtil aber von außerordentlicher Bedeutung. Dieser Unterschied beeinflusst die Frage, wie wir mit anderen zusammenarbeiten und mit wem wir Zeit verbringen.

Anarcho-Pride macht es uns möglich, mit Individuen zusammenzuarbeiten, die unsere Organisationsprinzipien, unsere Vorstellungen und unsere Ziele begrüßen, wenn nicht sogar teilen. Er erlaubt allen Beteiligten, klare und eindeutige Entscheidungen zu treffen; egal ob es um die kollektive Organisation eines Benefizkonzertes oder die gemeinschaftliche Eroberung der Straßen geht. Trotzdem teilen viele AnarchistInnen anderen nur ungern mit, dass sie eben AnarchistInnen sind. Sie fürchten, dass Anarcho-Pride potenzielle Verbündete abschreckt. Leider wirkt diese Unaufrichtigkeit bezüglich unserer Motivationen oft paternalistisch, herablassend und unehrlich. Wenn wir uns selbst nicht als AnarchistInnen zu erkennen geben, bedeutet das letztlich, dass wir andere Menschen nicht für intelligent genug halten, ihre Entscheidung über eine Zusammenarbeit mit uns anhand unserer eigentlichen politischen Ansätzen zu treffen. Politische Offenheit macht es allen Gruppen möglich, ihre wahren Ziele und Interessen miteinander zu teilen. Diese Offenheit beugt auch späteren Ressentiments und Missverständnissen in Koalitionen und Bündnissen vor. Wenn Gruppen oder Individuen beschließen, nicht mit uns zusammenzuarbeiten, weil wir AnarchistInnen sind, dann müssen wir das akzeptieren. Das ist immer noch besser, als ihnen einzureden, dass wir etwas anderes wären, und ihnen ›nach der Revolution‹ oder einer durchgeführten Aktion – je nachdem – reinen Wein einzuschenken. Wahrhafte Solidarität wird am besten dadurch erreicht, dass wir uns um einen offenen und ehrlichen Dialog mit möglichen PartnerInnen bemühen.

AN DER TÜRSCHWELLE ZUR ANARCHO-COMMUNITY

Seit ihren Kindertagen ist die Anarchie – wie andere internationale soziale Bewegungen auch – über ihre Politik definiert worden. Wir AnarchistInnen haben relativ klar umrissene Feindbilder: Staat, Kapitalismus und Herrschaft. Auch von unseren Zielen haben wir klare Vorstellungen: gegenseitige Hilfe, Autonomie und Dezentralisation. Während wir schon Wetten darüber abschließen, dass die Anarchie ein besseres Leben als das der Dinosaurier bereithält, sieht es so aus, als ob es wenig gibt, was die Anarchie davor bewahren könnte, ein weiteres Orthodoxem zu werden: genauso schlimm wie Kommunismus, Sozialismus, Liberalismus, Reformismus, Kapitalismus, Mormonismus oder jeder andere ›-ismus‹ (Dabei schreiben wir ja selbst immer Anarchismus, hahaha!). Die Entwicklungen während der letzten Jahrzehnte in Nordamerika haben gezeigt, dass die spezifischen Tendenzen und die teils sehr engstirnigen Herangehensweisen an anarchistische Politik nicht so wichtig sind wie die Communities, die auf der Basis dieser Politik entstehen. Diese Communities werden zusammengehalten von gemeinsamer Praxis, gemeinsamen Methoden und kulturellen Aspekten. Wir müssen keine Monokultur sein. Eher sollte Anarchie als ein Sammelsurium von Kulturen begriffen werden – wie Mikroben in der Petrischale oder ein Protestzug auf der Straße – etwas, dass nach Vielfalt verlangt und auch dafür eintritt.

Wie jede andere Gruppe von FreundInnen, die zusammen arbeitet und lebt, entwickeln wir eine gemeinsame Kultur, obwohl wir unterschiedliche Ursprünge haben. Jede anarchistische Gruppe (damit meinen wir auch die vielen Leute, die nach anarchistischen Prinzipien leben, ohne jemals ein Buch von Kropotkin, Emma Goldman oder CrimethInc. aufgeschlagen zu haben) entwickelt eine einzigartige Praxis und Kultur. Wir sind des ganzen orthodoxen Krams müde, und doch ist es das, an was die meisten westlichen Menschen gewöhnt sind:

das nächste große Ding – egal ob ein Schriftsteller, eine TV-Show oder eine Bewegung; Hauptsache es ist etwas anderes als unser eigenes Leben. Die Lebhaftigkeit, Vielfältigkeit und Beweglichkeit der Kultur ist ein großer Vorteil für uns. Anstelle einer ›Anarchie von oben‹, diktiert von Medienlieblingen oder SpezialistInnen, gibt es viele konkurrierende, unterschiedliche und mutierende Versionen von Anarchie. Dies ist eine grundsätzlich gute Entwicklung. Die meisten AnarchistInnen sind sehr froh über diese Lockerheit und Verschiedenartigkeit. Die Monokultur der Dinosaurier kann zu Gunsten einer Vielzahl dynamischer Anarchieformen der einfachen Menschen verworfen werden.

Das Konzept der Community ist für uns als AnarchistInnen eine erstrebenswerte Sache. Was aber die eigentlichen Aufgaben dieser Gemeinschaften oder Communities sein sollen, ist seit jeher Thema von erbitterten Diskussionen. Je nachdem, wen du fragst, sind das dann Piratenradiosender für den jeweiligen Stadtteil, der urbane Guerillakrieg, ein Hausprojekt, das Abfackeln von Ski-Urlaubsorten, ein Jazz-Konzert oder gigantische Demonstrationen. Diese Differenzen münden in banale Streitigkeiten, welche den Entstehungsprozess der von den Streitenden angestrebten Gemeinschaften und Communities nur behindern. Anstatt unsere Zeit für Selbstdarstellungsexzesse auf Podien zu verschwenden, sollten wir sie lieber darauf verwenden, anarchistische Gemeinschaften in dieser gestörten Gesellschaft, in der wir momentan leben, zu erschaffen. Diese Widerstandsgemeinschaften entstehen in der ganzen Welt durch die Bildung von autonomen Zonen auf mittelfristiger Basis. Das sind zum Beispiel Infoläden,

Community-Gärten, kostenlose Krankenhäuser, Bio-Farmen, Hausprojekte und Auftrittsorte. In Temporären Autonomen Zonen, wie sie bei Mobilisationen und Treffen, Squats und Baumbesetzungen oder Straßenpartys und Umsonst-Festen entstehen, erleben wir den Vorgriff auf eine bessere Welt. Gerade weil Gemeinschaft mit viel Arbeit verbunden ist, sollten wir unsere Leidenschaften an diesen Orten ausdrücken und ausleben, anstatt nur über sie zu reden.

Autonome Zonen sind die physische Manifestation der in den letzten Jahren gewachsenen Ideen, auch wenn es in Nordamerika nur winzige Ladenlokale, Kellerbüchereien und Lagerhallen sind. Das sind die anarchistischen Laboratorien und Workshops. In dem Maße, wie unsere Netzwerke sich vergrößern, wachsen auch die Möglichkeiten, miteinander zu reden. Unsere Kommunikationsformen sind sehr erfolgreich, kreativ und vielfältig: sie umfassen Musik, Literatur und Performances. Dutzende von Anarcho-Zeitungen, Tausende von Zines und massig Bücher haben einen Raum geschaffen, in dem wir uns ausdrücken und unseren Widerstand in Worte fassen. Im Vergleich zur kapitalistischen Medienmaschinerie ist das, was wir momentan besitzen, nicht viel mehr als ein Tropfen auf den heißen Stein, aber es sollte auch nicht unser Ziel sein, mit dieser Maschinerie zu wetteifern. Die Ablehnung der Massenbewegung muss nicht automatisch heißen, dass wir als AnarchistInnen auf ewig dazu verdammt sind, eine winzige, irrelevante Minderheit zu bleiben. Es ist für Hunderttausende von Kollektiven und Affinity Groups möglich, miteinander zu arbeiten und dabei Solidarität und Respekt für ihre Verschiedenartigkeit aufzubringen.

SOLIDARITÄT STATT UNITY

Anarchie basiert auf der Prämisse, dass FührerInnen weder notwendig noch wünschenswert sind, und trotzdem scheint diese Maxime keinerlei Wirkung beim autoritären Flügel der anti-autoritären Bewegung hinterlassen zu haben. Gewisse Individuen (fast immer alte Männer mit Bärten) scharen lange nach ihrem Tod immer noch AnhängerInnen ihres Kultes um sich, allerdings in einem vollkommen anderen historischen Kontext. Es ist traurig, dass viele AnarchistInnen sich mit kleinen Cliquen identifizieren oder nur bestimmte Magazine lesen und vergeblich jede und jeden davon zu überzeugen versuchen, dass ihre Version des Anarcho-Purismus genau der richtige Weg ist. Diese Streitereien unter den Splittergruppen haben dem Anarchismus weitaus mehr Schaden zugefügt, als dass er durch die Anzahl potenzieller Neurekrutierungen für die jeweilige Richtung wieder gutgemacht werden könnte. Wenn wir zu nichts anderem im Stande sind, als uns wegen abgehobener Theorien gegenseitig fertig zu machen, dann werden auch logischerweise weniger Leute außerhalb des Anarcho-Klüngels uns und unsere Ideen ernst nehmen. AnarchistInnen sollten sich untereinander nicht als potentielle GegnerInnen im Kampf um kulturelle oder politische Gebiete ansehen, sondern eher als potentielle FreundInnen und GenosseInnen auf der engagierten Suche nach neuen Leuten mit unterschiedlichen Ideen und Strategien.

KeineR von uns ist perfekt, und wir schleppen wie alle, die versuchen ein traumatisches Erlebnis wie die moderne westliche Welt zu überwinden, immer noch eine Reihe von schlechten Angewohnheiten mit uns herum: Dogmatismus, Sexismus, Paternalismus etc. Aber bitte kein Selbstmitleid! Auf keinen Fall sollte unsere Community einer politischen Partei mit all ihren Ausschlussverfahren, Machtkämpfen etc. ähneln; besser wäre es, zu einer Gruppe zu wachsen, die ihre Angelegenheiten selbst in die Hand nimmt. Überleben heißt in afrikanischen Savannen und in US-amerikanischen Einkaufszentren gleichermaßen, sich umeinander zu kümmern. Bevor wir also versuchen, andere Organisationen, die

›unpolitischen Massen der Arbeiterklasse‹ oder sonst irgendjemanden außerhalb der Anarcho-Community zu erreichen, sollten wir lernen, in unseren eigenen Reihen besser miteinander umzugehen und unsere Beziehungen auf Solidarität, gegenseitige Hilfe, Verständnis und Respekt fußen zu lassen. Einfühlungsvermögen und gegenseitige Unterstützung innerhalb unserer Community sind unsere kreativsten Werkzeuge, wenn es darum geht, den Rest der Welt zu verändern.

Intellektuelle Erbsenzählerei macht ja schon eine normale Diskussion über Kaffee unter den verschiedenen Splittergruppen unmöglich – wie soll es dann erst bei der Zusammenarbeit an praktischen Projekten aussehen? Dabei arbeiten gerade wir als AnarchistInnen sehr viel und stark an praktischen Projekten. Wir brauchen also keine einheitliche Theorie, sondern vielmehr eine effektive Solidarität in der Praxis. Wenn wir erst einmal unsere Unterschiede erkennen und zu akzeptieren bereit sind, werden wir in der Lage sein, die anarchistische Praxis in unseren Communities und der ganzen Welt zu verbreiten. Über diesen Ausmal-Anarchismus (grün in rotem Stern reduziert Anarchismus auf den Schutz der Bäume, und rot in schwarzem Stern macht uns zu AdvokatInnen des Klassenkampfes) hinauszuwachsen, ist absolut lebenswichtig. Sektierertum führt geradewegs zu autoritären Strukturen, weil die Identifikation mit der einen richtigen Anarcho-Sekte bedeutet, dass alles andere nur falsch sein kann. Der Begründerin oder dem Begründer der korrekten Ideologie wird unweigerlich mehr Macht zugesprochen als seinen NachfolgerInnen, und die Sekte sammelt bald alle Kräfte, um in einen heiligen Krieg gegen all die anderen Facetten des Anarcho-Regenbogens zu ziehen. Lasst uns nicht die Fehler der traditionellen Linken wiederholen; natürlich ist es für uns einfacher, uns untereinander anzugreifen, als den Staat zu zerstören. Es gibt immer unterschiedliche Vorstellungen von Befreiung, und jede Anarcho-Community wird eine Vielzahl von Taktiken und Projekten haben. Was wir heutzutage brauchen sind radikale Anarcho-Gewerkschaften, um die vermeintlich unaufhaltbare Maschinerie zu stoppen – radikale SchriftstellerInnen, um die Leute zu inspirieren und Wissen zu verbreiten – Militante, um die Cops auf der Straße zu bekämpfen, und BaumbesetzerInnen, um den letzten Rest Natur zu beschützen… mit anderen Worten:

Wir brauchen mehr Anarchie!

UNSERE KAMPAGNE HEISST LEBEN

Also gut; wir wollen also die Welt verändern. Wo fangen wir am besten an? Eine Vielfalt von Themen, Kampagnen und Kämpfen umgibt uns von allen Seiten, und alle verlangen nach unserer Aufmerksamkeit. Sollten wir um die letzten heilen Wälder kämpfen, der verarmten Community im Nachbarstadtteil helfen, uns für die Obdachlosen einsetzen, gegen die White-Power-Scheißer kämpfen, gegen Polizeibrutalität angehen, die Ausbeuterbetriebe lahm legen oder lieber die Bewegung der landlosen Bauern und Bäuerinnen in Brasilien unterstützen? Diese Probleme erscheinen so viel größer, als dass sie eine einzelne Person oder Gruppe verstehen könnte.

Die Welt leidet unter so viel Ungerechtigkeit und Schmerz, dass ein einzelner Mensch nicht darauf hoffen könnte, sie zu heilen. Wir müssen alles in unserer Macht stehende tun. Wir müssen noch mehr tun als das.

Wir sind von unzähligen Ideologien umgeben, die uns vorgefertigte Antworten geben… von der neuesten Kommunistensekte bis hin zum Hare-Krishna-Bewusstsein. Für diejenigen von uns, die schon seit einigen Jahren ›die Welt verändern‹, ist es relativ leicht, zynische Bemerkungen über den Ideologie-Supermarkt zu machen, in dem der/die moderne AktivistIn einkaufen kann. Wir müssen einfach einen Weg finden, unsere Welt zu retten, ohne dabei einfache Antworten zu geben und aus Faulheit Abkürzungen zu benutzen.

Sich auf ein einziges Thema zu konzentrieren, ist eine der ältesten Fallen für AktivistInnen. Jedes dieser Themen wirbt für sich selbst als der nächste alles entscheidende Kampf gegen das Übel, in dem endlich alle Ziele erreicht werden. Die jeweiligen GegnerInnen dieser Kampagne werden oft als die Wurzel allen Übels dieser Welt repräsentiert, und alle anderen Kampagnen sind nichts weiter als Handpuppen dieser eigentlichen GegnerInnen. Jede Kampagne wirbt um Mitglieder innerhalb eines begrenzten Kontingents von AktivistInnen und stiehlt somit nicht nur anderen Kampagnen, sondern auch den AktivistInnen selbst die Zeit. Das führt in letzter Konsequenz zum Burn-Out. Jede Kampagne versucht, uns für sich zu gewinnen. Ist es denn nicht möglich, für eine bessere Welt zu kämpfen, ohne den Aktivismus als einen Markt der Gerechtigkeiten zu behandeln?

Die übermäßige Konzentration auf Kampagnen und Kämpfe zu einzelnen Themen kann dazu führen, dass wir den Wert der Sache und den Wert von uns selbst aus den Augen verlieren. Fast alle Kampagnen und Kämpfe sind miteinander verbunden und notwendig. Wir müssen sie alle gewinnen, um überhaupt etwas zu erreichen – wir müssen sie so gewinnen, dass weder Regierungen noch Konzerne es voraussehen können. Anarchie ist flexibel genug, um viele der traditionellen Probleme der AktivistInnen zu überwinden, weil sie die Revolution nicht als eine weitere angestrebte Sache, sondern als eine Lebensphilosophie ansieht. Diese Philosophie ist so real und so konkret wie ein Stein, der durch ein Fenster geworfen wird, oder wie die Blumen, die im Garten wachsen. Wir können die künstliche Trennung von Aktivismus und alltäglichem Leben überwinden, indem wir unseren Alltag revolutionär machen. Warum sollten wir uns mit GenossInnen und AktivistInnen zufrieden geben, wenn wir FreundInnen und LiebhaberInnen haben könnten?

SCHLUSS MIT OUTREACH-AKTIVITÄTEN UND MISSIONARSGEHABE

Die so genannte ›ethnische Herkunft‹ ist ein Thema, das viele Radikale in den Vereinigten Staaten über lange Zeit hinweg verunsichert und beängstigt hat. Weiße AnarchistInnen sind insbesondere bestürzt darüber, dass unter den Leuten, mit denen sie auf die Strasse gehen oder in Kollektiven zusammenarbeiten, kaum Menschen mit anderen Hautfarben anzutreffen sind. Insbesondere das Fehlen von Schwarzen ist augenfällig,. Dementsprechend verbringen sie viel Zeit auf Antiglobalisierungsdemos oder in lokalen Infoläden mit der Ursachenforschung. Schaut man sich jedoch die gesamte Welt an, so erkennt man recht bald, dass die Mehrheit der AnarchistInnen nicht Weiß ist. Und in den letzten Jahren sind auch die Anarcho-Communities in den USA gemischter hinsichtlich ihres Backgrounds geworden: Eine wachsende Zahl von Latin@s, AsiatInnen, AraberInnen und anderer farbiger Menschen versteht sich mittlerweile als AnarchistInnen und macht dies auch im Alltag deutlich.. Doch das mindert nicht das Gefühl, dass irgendetwas fehlt, denn die größte Sorge bereitet den weißen AnarchistInnen das Fehlen von Schwarzen in ihren Zusammenhängen. Sicherlich sind die Ursachen hierfür in der jahrhundertelangen Diskriminierung der Schwarzen durch die Weißen in den USA und der folgerichtigen Abschottung Schwarzer Communities zu suchen. Zudem ist der Faktor Hautfarbe ein essentieller Aspekt der staatlichen Unterdrückung und ein Bollwerk des ausbeutenden Kapitalismus. Alle, die den Staat oder den Kapitalismus in den USA auf revolutionäre Weise bekämpfen, müssen die entscheidende Rolle des Rassismus bei der Erhaltung und Stabilisierung des bestehenden Systems

erkennen –auch wir AnarchistInnen. Leider haben ausbeuterische Alibihandlungen, die Nachfrage nach intensiven Outreach-Programmen, Missionarsgehabe und andere fehlgeschlagene Überbleibsel der Linken die Anarcho-Communities nicht gerade zu einem Ort gemacht, an dem Schwarze sich willkommen fühlen.

Obwohl die Vielfalt hinsichtlich ethnischer Herkunft und Hautfarbe wächst, bleibt immer noch ein kleiner Rest des Verdachtmoments, dass die Anarcho-Bewegung zu Weiß ist. Weiße AnarchistInnen sind sehr oft dermaßen frustriert von dem sichtbaren Mangel an Farbigen in anarchistischen Projekten, dass sie sehr empfänglich für Machtspiele von bestimmten Individuen (egal ob AnarchistIn oder nicht) sind, die sich für Schwarze Communities einsetzen. Es geschieht mitunter, dass einE AktivistIn (meist eine Weiße Person mit Spezialisierung auf Antirassismus) ein Treffen hijacked bzw. sprengt, indem sie die TeilnehmerInnen des Rassismus bezichtigt. Aus der Angst heraus, als RassistInnen abgestempelt zu werden weil sie unfähig sind, Schwarze in ihre Projekte einzubinden (hier wäre wohl der durch Marx geprägte Begriff des Rekrutierens angebrachter), werden ganze Kollektive handlungsunfähig. Zu anderen Zeiten haben diese Themen, also die Hautfarbe und das Bestreben nach Vielfalt, zu haarsträubenden Anschuldigungen geführt, die in einer Art Weißem autodestruktivem Schuldgefühl mündeten. Dieser Schuld wurde teilweise entgegengewirkt, indem durch Alibiaktionen (die keiner und keinem wirklich helfen) Mitglieder der lokalen Schwarzen Communities zur Mitarbeit in Gruppen und Projekten motiviert wurden.

Unzählige Stunden und viel Schreibarbeit wurden darauf verwendet, effektive Outreach-Arbeit in den Schwarzen Communities zu leisten. Obwohl die Problematik, dass die Masse der US-amerikanischen AnarchistInnen weißer Hautfarbe ist, viel diskutiert wurde, gelang es nur selten, Menschen schwarzer Hautfarbe für die Anarchie zu interessieren. Einige Gruppen sind mit ihrem Missionarsgehabe jedoch regelrecht zu politischen Zeugen Jehovas geworden: Weiße AktivistInnen, die in Schwarzen Communities von Haus zu Haus gehen und die Vorzüge der Anarchie predigen. Das ist Paternalismus der schlimmsten Art und folgt dem Motto; die Weißen AnarchistInnen müssten alle Schwarzen Menschen in die schwindeligen Höhen ihrer politischen Ansätze erheben. Dieses Verhalten ist besonders verlogen, wenn Weiße AnarchistInnen, die in verarmten schwarzen Wohngegenden leben, andere AnarchistInnen als RassistInnen verleumden, während sie die Gentrifizierung der ganzen Wohngegend vorantreiben.

Manche forderten ernsthaft, die anarchistische Rhetorik und Prinzipien etwas abzuschwächen, unseren Kleidungsstil und unsere Musikvorlieben zu verändern, um Schwarze nicht abzuschrecken... ganz so als ob ihre Community weniger tolerant oder konformistischer als andere Communities wäre.Es wurde sogar der Vorschlag gemacht, mit autoritären Organisationen in Schwarzen Communities zusammenzuarbeiten, um sie von der anarchistischen Sache zu überzeugen. Hinter diesem Denken steckt die nur schlecht maskierte Überzeugung, dass autoritäre Strukturen typisch für Schwarze Communities sind, dass nur Weiße nicht-hierarchische Organisationsansätze zu würdigen wissen und Schwarze ohnehin von solch radikalen Ideen abgeschreckt werden. Solche – zumeist gut gemeinten – Versuche sind paternalistisch und Ausdruck der Respektlosigkeit gegenüber den Schwarzen Communities. Zudem ignorieren AnarchistInnen, die diesen Weg verfolgen, sowohl die lange Tradition von Schwarzen antiautoritären

Bewegungen – angefangen bei den Sklavenrevolten Nat Turners bis hin zu schwarzen Autonomiebewegungen der 1980er – als auch die Tatsache, dass eine Reihe von autoritären Weißen Institutionen in Schwarz-amerikanischen Communities Wurzeln geschlagen hat – wie zum Beispiel die Evangelisten oder die politische Partei der Demokraten.

Es ist einfach absurd zu glauben, dass Schwarze Communities, besonders solche, die unter extremer Polizeibrutalität leiden, so schwach und zerbrechlich sind, dass sie sich vom äußeren Erscheinungsbild oder dem Musikgeschmack abschrecken lassen würden. Zum Beispiel gab es bei den Riots 2002 in Cincinnati eine Gruppe AnarchistInnen, die auf die Straße gehen wollte, aber erst darüber debattierte, ob eine geplante Straßen-Blockade die Schwarze Community nicht nur verunsichere und im Endeffekt noch mehr polizeiliche Repression provozieren würde. Diese Ängste waren jedoch völlig unbegründet. Als nämlich die vermummten AnarchistInnen auftauchten, sagte ein lokaler schwarzer Priester, dass er sehr beeindruckt sei, dass die »Seattle Kids« (O-Ton) nach Cincinnati kämen, um Hand in Hand mit der lokalen Community gegen Polizeigewalt vorzugehen. Er fragte sogar nach einer Visitenkarte(!), um bei zukünftigen Aktionen zwecks Zusammenarbeit mit den AnarchistInnen in Kontakt treten zu können. Die AnarchistInnen wiederum zeigten etlichen Schwarzen Jugendlichen, wie sie ihre Shirts in Masken verwandeln können, um nicht identifiziert zu werden und weitere polizeiliche Repressionen zu vermeiden. Dementsprechend war die Reaktion der Schwarzen Communities in Cincinnati auf die Weißen AnarchistInnen insgesamt überaus positiv.

Dieses kleine Beispiel verdeutlicht, dass Schwarze Communities eher begierig danach sind, mit Leuten Allianzen zu bilden, die andere Taktiken anwenden, andere Kleidung tragen und aus einem anderen kulturellen Background kommen. Selbstverständlich muss dies unter der Prämisse der solidarischen und gleichberechtigten Zusammenarbeit geschehen. Sicherlich ist Cincinnati nur eine Stadt, und viele andere Orte haben noch nie eine ähnlich positive Zusammenarbeit erlebt. Einige Weiße AktivistInnen sind aufgrund ihrer gescheiterten Bemühungen mittlerweile dermaßen enttäuscht, dass sie die Verbreitung der Anarchie generell in Frage stellen.. Sie behaupten, dass Anarchismus einfach eine westliche Ideologie sei, ohne Verbindungen zu farbigen Communities, und deshalb nie von ihnen akzeptiert werde. Solche Behauptungen ignorieren jedoch die Anziehungskraft des Anarchismus auf viele farbige und nichtwestliche Kulturen auf der ganzen Welt. Es ist ein Fakt, dass die Mehrzahl der heutigen AnarchistInnen farbig und nichtwestlich ist und der Anarchismus während seiner gesamten Existenz sehr farbenreich war.

Heutzutage sind die anarchistischen Communities sehr vielfältig: ob Technikfreak-Kollektive in Südkorea, militärische WiderstandskämpferInnen in Uganda oder indigene Gruppen in Bolivien, Brasilien und Ekuador. Leider beschränken sich die Vorstellungen der meisten US-amerikanischen AnarchistInnen auf Nordamerika und Europa. In Nordamerika gibt es von diesen vielfältigen und multiplen Anarcho-Formen auf der ganzen Welt viel zu lernen. Ganz besonders interessant dürfte sein, wie jede einzelne dieser Gruppierungen die anarchistischen Basisideen auf ihre eigenen lokalen Erfordernisse abstimmt. Anarchie ist genauso relevant für indigene Gruppen, die das Land ihrer Vorfahren verteidigen, oder für schwarze Communities, die mit Riots auf brutale Polizeiübergriffe reagieren, wie für Demonstrationen der Antiglobalisierungsbewegungen und antistaatliche Gruppierungen.

Es gibt viele Möglichkeiten für AnarchistInnen, eine größere Vielfalt in ihren Gruppen zu erreichen. Eine davon ist, anarchistische Projekte besser und offenerer zu gestalten. Wir brauchen nicht unsere Message, unsere Klamotten oder gar unsere Ideale zu verändern – die auch keineswegs auf eine bestimmte Klasse, Hautfarbe oder einen Personentyp beschränkt sind. Wir sollten lieber unsere Energie darauf verwenden, erfolgreiche Projekte zu initiieren, die offen für alle Menschen sind. Einige der für den Beginn des Projektes notwendigen Ressourcen werden sicherlich von den weniger unterdrückten Communities kommen; also von Weißen AktivistInnen oder Schwarzen Mittelklasse-Kids. Das ist aber keineswegs falsch, rassistisch oder kurzsichtig, sondern reflektiert ganz einfach die historische und kulturelle Realität der Unterdrückung durch Staat und Kapitalismus. AnarchistInnen können aber alternative Strukturen bilden, die von anderen, also auch unterdrückten Gruppen, genutzt werden können. So entstehen auf Vertrauen basierende Beziehungen zwischen unterschiedlichen Communities, die auf lange Sicht die Projekte vielfältiger werden lassen.

Drei fundamentale Bestandteile von erfolgreichen Projekten sind Offenheit, ehrliche Verbundenheit und die Effektivität ihrer Arbeit für die involvierten Communities. Unter Offenheit verstehen wir, dass das Projekt von jeder Gruppe genutzt werden kann, unabhängig davon, von welcher Gruppe es initiiert wurde. Offenheit vereinfacht die Benutzung dieser Strukturen für verschiedene Communities und macht es ihnen weiterhin möglich, sie für ihren eigenen Widerstand zu verwenden, sie in ihre Situation zu integrieren. Umso erfolgreicher und offener ein Projekt ist, desto vielfältiger wird es werden. Menschen die stärker unterdrückt werden und weniger Ressourcen (z.B.: Geld und Zeit) zur Verfügung haben, werden es eher wagen, in einem erfolgreichen Projekt mitzuwirken. Unterschiedliche Communities werden sich nur zur Mitarbeit in Projekten verpflichten, deren Ressourcen und Möglichkeiten offen genug sind, um sie für ihre eigenen Zwecke zu nutzen.

Wie wird nun aber ein Projekt offener? Es gibt eine ganze Anzahl von erprobten Methoden, um Projekte offener für außenstehende Communities zu machen. Die erste ist Transparenz. Das bezieht sich nicht nur auf den Entscheidungsprozess, sondern auf alle Aspekte des Projekts: wer ist dabei, warum ist wer dabei, was sind die Ziele? Ein Projekt sollte so zugänglich und offen wie nur möglich sein und auch Kommunikationsmöglichkeiten für Menschen, die unterschiedliche Sprachen sprechen – sprich bi- oder multilinguales Informations- und Propagandamaterial –, anbieten. Die letzte und schwierigste Hürde für die Gruppen besteht darin, außenstehende Communities ihr Projekt nutzen zu lassen, ohne sie zu verdächtigen oder ein supervisionäres Management-Verhalten an den Tag zu legen. Dies erfordert gegenseitiges Vertrauen.

Ein Infoladen kann Schwarze Jugendliche, die sich für Hip-Hop interessieren, einladen und ihnen anbieten, den Infoladen für eine Open-Mic-Session zu nutzen. Wenn das Projekt ehrlich und offen angegangen wird, lässt die Einbeziehung der Hip-HopperInnen den Infoladen wachsen und eröffnet ihm neue Wege und Möglichkeiten, die weit über die ursprünglichen Intentionen der BegründerInnen hinausgehen. Die Weißen BegründerInnen eines radikalen Infoladens wären wahrscheinlich nicht in der Lage gewesen, einen Hip-Hop-Laden aufzubauen, aber wenn die Hip-HopperInnen den vorhandenen Infoladen nutzen, expandiert das Projekt und beide Gruppen befruchten sich gegenseitig. Wenn beide Gruppen einander vertrauen und sich respektieren,

kann der Infoladen ein wahrhafter Platz des Dialoges zwischen den Communities werden, aus dem wiederum gegenseitiges Vertrauen wächst.

Die Hip-HopperInnen könnten den Infoladen regelmäßiger nutzen wollen, weil sie keine anderen Möglichkeiten haben. Wenn das Infoladen-Kollektiv wirklich offen sein will, sollte es transparent sein und den Kids erklären, für was der Laden genutzt wird, wie er angefangen hat und was seine Ziele sind. Diese Transparenz macht es den Kids möglich, auf der Basis dieser Informationen eine Entscheidung darüber zu treffen, ob das Anliegen des Infoladens und ihre eigenen Ziele miteinander vereinbar sind. Um es noch einmal zu unterstreichen: Als explizit anarchistische Gruppen müssen wir ehrlich über unsere Politikansätze mit anderen reden, um spätere Missverständnisse zu vermeiden. Keine Gruppe sollte ihre Intentionen oder ihre Politik verheimlichen, nur um mit anderen Gruppen zusammenarbeiten zu können. Der Infoladen sollte auch eine einfache und für alle zugängliche Möglichkeit bieten, die Räume zu nutzen. Die meisten Gruppen treffen ihre Entscheidungen aber auf schlecht angekündigten und schwer zugänglichen Treffen. Außenstehende werden durch diese Rahmenbedingungen häufig verunsichert und eingeschüchtert. Die Infoläden könnten das Prinzip der Offenheit in diesem Fall ganz einfach umsetzen, indem sie eine öffentliche Liste aushängen, auf der man sich bei Interesse an einer Nutzung eintragen kann. Zudem sollten die Erwartungen gegenüber den anderen Gruppen bereits im Vorfeld geäußert werden, um späteren Missverständnissen oder Verwirrungen aus dem Weg zu gehen. Denn während einer Veranstaltung von den HüterInnen der Örtlichkeit mit Adleraugen beobachtet zu werden, ist nicht wirklich lustig und führt nur zu sich später auswirkenden Vorbehalten. Der Infoladen muss den Kids Vertrauen entgegenbringen und sie ihr Ding mit so wenig Einmischung wie möglich durchziehen lassen. Dies macht es den Hip-HopperInnen möglich, den Infoladen und die Veranstaltung als etwas Eigenes anzusehen und ein Gefühl der Wertschätzung für das gesamte Projekt zu entwickeln. Eine Hip-Hop-Veranstaltung ist natürlich nur ein

Beispiel: Unterschiedliche Städte haben logischerweise unterschiedliche Bevölkerungsgruppen und Erfordernisse. Manchmal sind es TagelöhnerInnen, die sich irgendwo organisieren müssen, oder Studierende, die einen Platz benötigen, um einen Ausstand zu planen.

Offenheit ermöglicht ernsthafte Verbundenheit. Genauso wie Individuen sind auch Gruppen oder Projekte in der Lage, Affinitäten zu teilen. Zum Beispiel organisiert die AIM (American Indian Movement) ihren alljährlichen Anti-Kolumbus-Tag in Denver mit Hilfe einiger militanter AnarchistInnen aus Colorado. Diese beiden Gruppen verbindet eine gemeinsame Geschichte und ein gemeinsames Interesse an Direct Action. Beide haben ihre Politik unabhängig voneinander entwickelt, sind aber mittlerweile zu starken Verbündeten geworden, weil sie in Bezug auf Themen und Taktiken eine gemeinsame Linie entwickelt haben. Manchmal entstehen diese Bündnisse spontan, wie zum Beispiel, als sich die anarchistische Anti-Racist-Action in Lewiston, Maine, mit den lokalen Somalis zusammentat, um gegen einen Aufmarsch von Nazis vorzugehen. Für viele AnarchistInnen war es die erste solidarische Zusammenarbeit mit Somalis, und umgekehrt gab es viele Menschen in der Somali-Community, die nicht gedacht hätten, etwas mit weißen AnarchistInnen gemeinsam zu haben. Affinität – in diesem Fall das Ziel, die Nazis zu stoppen – ist ein viel stärkeres Band als Outreach. Bei den Outreach-Aktivitäten geht

es nur darum, seine Verbündeten nach der Hautfarbe auszuwählen.

Unsere Projekte müssen aber auch effektiv sein, und das wird mehr Zeit und Anstrengungen verlangen als Offenheit und Affinität. Wir können nicht erwarten, dass vielfältige Projekte über Nacht entstehen. Mitte der 80er des letzten Jahrhunderts wurde ein Piraten-Radio-Sender auf einem Hausboot in Milwaukee von Technik-Freaks und Punks gestartet. Sie begannen mit einem Mix aus Punk-Musik, politischen Reportagen und Szeneberichten. AktivistInnen von der University of Milwaukee brachten sich in das Projekt ein, als sie merkten, dass immer mehr Studierende den illegalen Sender hörten. Diese nutzten den Sender, um den Aktivismus auf dem Campus zu fördern, und politisierten den Sender damit. 1991, also 5 Jahre später, organisierten sich einige Mütter, die von Stütze abhängig waren und in Sozialwohnungen lebten, gegen die verordneten öffentlichen Arbeitsdienste. Sie nutzen den Sender dazu, die Menschen über ihre Probleme und Bedürfnisse aufzuklären. Als das Hausboot geräumt wurde und die FCC (US-Bundesbehörde für Telekommunikation) das Projekt beendete, bestanden die Sendungen der Radiostation aus einer ungewöhnlichen Mischung aus Punkrock, Campus-Aktivismus und Community-Themen. Dieses effektive Bündnis bildete sich über mehrere Jahre hinweg. Die Studierenden und die Mütter nutzen das Angebot des Senders, weil er offen war und sich ihre Affinitäten überschnitten. Vor allem nutzten sie ihn aber, weil es ein effektives Medium war, um sich Gehör zu verschaffen. Viele Piratensender werden von Leuten mit viel Zeit, Ressourcen und technischen Fähigkeiten gestartet. Da sie aber illegal sind, stellen sie oft ein Risiko dar. Eine unterdrückte Community mit wenigen Ressourcen wird es sich zweimal überlegen, soviel Zeit auf ein Projekt wie dieses zu verwenden und eine Verhaftung zu riskieren, denn sie haben mit weitaus schwerwiegenderen Problemen zu kämpfen. Ein offener Piratensender hingegen, wie der in Milwaukee, bietet Menschen mit wenig Zeit und Ressourcen die Chance, seine Möglichkeiten zu nutzen. Es können neue Formate entwickelt werden, und wenn der Sender als Kommunikationsmedium erfolgreich ist, kann er auch von anderen benutzt werden, um ihre Anliegen vorzustellen. Diese zunehmende und breit gefächerte Benutzung des Senders wird ihn expandieren lassen, seine Stimme formen und ihn zweifellos vielfältiger und effektiver machen.

Es gibt natürlich auch Beispiele für Piratensender – wie auch andere Projekte –, die von Farbigen gestartet wurden und nun auch für Weiße AnarchistInnen attraktiv sind. Die Community Gardens in der Lower East Side und der Bronx in New York City sind solche Beispiele für Projekte, die von Latin@s aus der Arbeiterklasse ins Leben gerufen worden sind. Die Gärten waren offen und erfolgreich zugleich, so dass sie weiße AktivistInnen anzogen, die dabei halfen, das Projekt zu stärken und zu beschützen. Beide Gruppen hatten auch eine Affinität gemeinsam: das Verlangen nach Grünflächen und nach Autonomie für die Community. Innerhalb des letzten Jahrzehnts wurden Hunderte von Gärten geschaffen, bestellt, besetzt und von militanten AktivistInnen mit den unterschiedlichsten Backgrounds verteidigt. Obwohl die Stadtregierung von New York Dutzende von Community Gardens mit Bulldozern platt gemacht hat, um Platz für Neubauten zu schaffen, ist der Kampf für den Erhalt der Gärten ein leuchtendes Beispiel für Vielfältigkeit und Offenheit.

Wenn es uns ernsthaft darum geht, unsere Communities, Kulturen und Kollektive ethnisch vielfältiger zu machen, dann

müssen wir auch ernsthaft an unsere Projekte herangehen. Wir müssen mit großer Leidenschaft an ihnen arbeiten und soviel Zeit in sie investieren, wie notwendig ist, um sie nach vorn zu bringen. Wir müssen darauf Acht geben, dass sie offen bleiben und in der Lage sind, sich zu entwickeln, wenn neue Individuen mit ähnlichen Zielen sich an ihnen beteiligen. Wenn wir unsere Zeit nicht in erfolglose Outreach-Arbeit stecken, können wir sie stattdessen zur Bereicherung und Stärkung unserer Kollektive nutzen. Außerdem kann diese Zeit noch investiert werden, um mehr über andere Kulturen zu erfahren und Möglichkeitenfür den Aufbau guter Beziehungen zu finden. Wenn sie dazu eingeladen werden, können Weiße AnarchistInnen die Projekte von Menschen anderer Hautfarbe unterstützen. AnarchistInnen aller Hautfarben können die schwächende Lähmung eines Weißen Schuldgefühls in ein leidenschaftliches Engagement für die Öffnung von Projekten verwandeln, in denen sie unabhängig von ihrer Hautfarbe, ihrer Herkunft oder ihres ethnischen Backgrounds frei mitwirken und sich einbringen können. AnarchistInnen sollten das überholte Konzept der Rekrutierung hinter sich lassen und sich auf den Aufbau von sinnvollen, inspirierenden und für alle offene Projekte konzentrieren. Durch das ehrliche Ansprechen des ›Themas Hautfarbe‹ werden wir in der Lage sein, bessere und vielfältigere Widerstands-Communities zu bilden.

MUT IST ANSTECKEND

Es existiert der unantastbare Mythos unter einigen AnarchistInnen, dass Punks, Anarcho-VagabundInnen und ähnliche Leute die Massen verschrecken würden. Sie glauben wirklich, dass jahrhundertlange anti-anarchistische Propaganda sich in Luft auflösen würde, wenn wir nur gewaschene Gesichter mit einem breiten Lächeln drauf präsentierten. Aufnäher, Tattoos, Piercings, Masken, schwarze Kleidung und sogar das Wort ›Anarchie‹ werden dafür verantwortlich gemacht, dass die meisten US-AmerikanerInnen unseren Themen und den Anlässen unserer Kämpfe nur gleichgültig gegenüberstehen. Einige beanstanden auch, dass es zu viel Individualismus in unseren Communities gäbe. Diese KritikerInnen sind sich der eigentlichen Stärken der Anarcho-Community nicht bewusst.

Wenn wir in unseren Communities und der Welt da draußen wirklich etwas zu Stande bringen wollen, sollten wir den Fokus lieber auf Inspiration legen, als uns Gedanken über ein mögliches Verschrecken anderer zu machen. Den Staat abzuschaffen und den Kapitalismus zu beenden, sind Ziele, die wir nicht erreichen werden, ohne auch gegen die Traditionen und Gewohnheiten im Leben normaler Menschen anzukämpfen; wir sollten klar sagen, dass Großraumlimousinen und Aktienoptionen nicht in unser zukünftiges Leben passen. Anarchie war schon immer ein Spiel mit hohen Einsätzen und schlechten Gewinnaussichten. Über die Jahre hinweg aktiv involviert zu bleiben, verlangt Cleverness, Engagement und Mut. Sehr wenige von uns sind mutig genug, um gegen die übermäßige Kraft der Dinosaurier allein anzukämpfen. Individueller Mut erzeugt aber keine Kultur des Widerstands. Wir müssen unseren kollektiven Mut pflegen und kühne Communities erschaffen. Wir sollten eher die verrückten Freaks sein, die gegen das Eingangstor zu einem besseren Leben pochen, als eine Horde harmloser 08/15-Klone.

BEHERZTE COMMUNITIES

Es ist schon ironisch, dass der größte Segen für den Anarchismus in den Augen der US-amerikanischen Öffentlichkeit in den letzten paar Jahrzehnten die Taktik des Black Bloc war. Genau jene Leute – also Punks, Anarcho-VagabundInnen, Öko-Anarch@s und andere schäbige AußenseiterInnen –, welche von den überaus optimistischen ReinheitsfanatikerInnen des Anarchismus als die Bewegung schwächende Elemente abgelehnt wurden, haben ein starkes Anwachsen der anarchistischen Aktivitäten in den USA bewirkt. Die Black Blocs von

Seattle, Washington, Quebec City usw. haben die Leute inspiriert: Sie waren sehr mutig und ihre Solidarität untereinander war bemerkenswert. Ihre Aktionen haben nicht nur für positive Resonanzen unter jungen Menschen gesorgt, sondern auch in anderen Bereichen der Gesellschaft Anklang gefunden; angefangen bei der machtlosen Schwarzen Community in Seattle bis hin zu den arbeitslosen Jugendlichen in Quebec. Es wird uns ständig erzählt, dass der US-amerikanische Mainstream Angst vor Gewaltanwendung hat; wir aber glauben, dass die Unzufriedenen und die Ausgeschlossenen sehr wohl das Bedürfnis verstehen, Besitz zu zerstören – und wenn man nur mit einem Traktor durch ein McDonalds-Lokal fährt.

Es gab unendlich viele mutige Communities, von denen wir uns inspirieren lassen können, während wir daran arbeiten, immer mehr von ihnen auf der ganzen Welt zu erschaffen. Wir wollen die Vergangenheit mit diesen Beispielen nicht glorifizieren, sondern nur zeigen, dass es schon vorher getan wurde und wieder getan werden wird. Diese beherzten Communities sind einzigartig, aber alle weisen praktische Effekte und ein großes Engagement auf. Sie entfesselten die Vorstellungskraft ihrer jeweiligen ZeitgenosseInnen und schafften es, für ihren Kampf recht untypische Gesellschaftssektoren zu inspirieren und zu gewinnen.

Obwohl es momentan in Mode gekommen zu sein scheint, umherreisende Anarcho-VagabundInnen und Anarcho-Kids schlecht zu machen, sind diese modernen Tippelbrüder und -schwestern doch die sozio-politischen Nachfahren der Menschen, die die USA an den Rand einer ausgewachsenen Revolution brachten: die Industrial Workers Of The World. Diese Militanten sprangen auch auf Züge auf, fuhren auch von Küste zu Küste und organisierten IndustriearbeiterInnen mit unterschiedlichstem Background in autonomen aber miteinander verbundenen Netzwerken gegenseitiger Hilfe. Auch wenn sie die Bildung der »Einen Großen Gewerkschaft« propagierten (ein Konzept, dass auf einer riesigen Masse basierte, welche die Kapitalisten schlagen sollte), waren es doch ihre individuellen und gemeinsamen solidarischen Handlungen, die ihre ZeitgenossInnen damals und uns heute noch immer inspirieren. Wenn jede Frau, jeder Mann einE OrganisatorIn ist, sind Dezentralisation und gegenseitige Hilfe ein Kinderspiel. Die Industrial Workers Of The World stellten sich nicht gerade zimperlich an, wenn es heiß wurde: Sie blieben standhaft als die Nationalgarde kam, als die Pinkertons angriffen, als die American Legion anrückte, als die Mafia ihnen zusetzte, und sogar vor der Todesstrafe machten sie keinen Rückzieher. Da jetzt ein Großteil der industriellen Infrastruktur ins Ausland abgewandert ist und durch temporäre Jobs im Dienstleistungssektor ersetzt wurde, wird es vielleicht Zeit für eine neue Organisation: die Post-Industrial Ex-Workers of All Worlds.

Der größte aller Guerillakriege fand nicht in Cuba, China oder im lieben alten Russland statt, sondern im Land des Champagners und der Gänseleberpastete. AnarchistInnen haben seit jeher die französische Résistance zu Gunsten der spanischen KämpferInnen und diverser Trikont-Guerillas vernachlässigt. Die französischen Maquis waren zusammen mit dem antifaschistischen Widerstand in der Lage, während der nationalsozialistischen Besatzung Tausende von Hausfrauen, Milchmännern, LehrerInnen, Intellektuellen, KünstlerInnen und Mitgliedern anderer Gesellschaftssektoren zu ermutigen. Es ist faszinierend, wie profan das alltägliche Leben der AktivistInnen dieser Communities im Vergleich zu ihren geheimen Aktionen war. Die alliierten Geheimdienste stempelten die Maquis offiziell als »ineffiziente, desorganisierte Gruppe von Polit-Rowdys« ab – und das, obwohl die Kollaborateure in Vichy den Nazis dauernd erklären mussten, dass wegen der Aktivitäten dieser »Fischhändler und Ex-Studenten« die Produktion von Kriegsgerät ernsthaft eingeschränkt sei und die Einhaltung der Gesetze nicht gewährleistet werden könne. Diese Widerstandsgruppen, die in autonomen Einheiten in Frankreich und anderswo organisiert waren, waren auf das ›Medium der Inspiration‹ angewiesen, da alle Kommunikationskanäle unter der Kontrolle der Nazis standen. Es gelang ihnen tatsächlich, dem ausgelaugten Slogan »Propaganda der Tat« neues Leben einzuhauchen.

Für jedeN SaboteurIn der Maquis gab es Dutzende von GenossInnen, die sichere Unterkünfte, Essen, Geld und Waffen unter großem Risiko für ihr eigenes Leben und das ihrer Familien bereitstellten. Diese heimlichen UnterstützerInnen verbreiteten die Idee des Widerstands in kurzen Gesprächen in Cafés und über Gartenzäune hinweg. Das alles geschah unter dem Druck der effizientesten repressiven Polizeieinheit, die die Weltgeschichte je gesehen hat: der Gestapo. Die waghalsigen Sabotageakte der Maquis, welche sie »freie Taten« (free acts) nannten, entfachten die Flammen des Widerstands in der Bevölkerung und machte aus vielen Franzosen und Französinnen eine Fünfte Kolonne hinter den faschistischen Linien. Jede dieser freien Taten steckte andere Französinnen und Franzosen an und inspirierte sie zu eigenen Taten. Sogar die Gestapo berichtete: »Es ist nahezu unmöglich, die normalen Bürger davon abzuhalten, sich über sie (die freien Taten) in Bars zu unterhalten. Es scheint eine Atmosphäre des Widerstandes in unerwarteten Bereichen zu erschaffen.«

Heutzutage gibt es kurzlebige Koalitionen wie die »Turtles & Teamsters of Seattle«, aber nichts ist mit der ungewöhnlichen Allianz zwischen entlaufenen SklavInnen, BewohnerInnen der amerikanischer Sumpfländer und mexikanischen Bauern und Bäuerinnen zu vergleichen, die unter dem Namen »Seminole Nation« bekannt wurde. Es ist falsch, die Seminole Nation als ein Bündnis im modernen Sinne zu sehen, da es sich vielmehr um eine Mikrokultur handelte, die sich aus den jeweiligen soziologischen, linguistischen und politischen Einflüssen dieser drei Gruppen speiste und sie zu einer einzigartigen Widerstands-Community vermischte. Sie entstand vor der Gründung der USA und dauerte bis nach dem Bürgerkrieg an. Die SeminolInnen flößten den britischen Soldaten, der föderalen US-Regierung, den SklavenhalterInnen, den texanischen Rangern, den hierarchisch organisierten Indianerstämmen und dem mexikanischen Militär gleichermaßen Angst ein. Sie waren nicht nur sehr erfolgreich bei der Bekämpfung ihrer Feinde, sondern stellten auch eine Quelle der Hoffnung für alle dar, die autoritären Stammesstrukturen und dem Horror der Sklaverei entkommen wollten. Wie war das aber möglich in einer Zeit weit vor Einführung der Massenmedien? Die Antwort ist recht einfach: Die mutigen Taten der SeminolInnen und ihr unbeirrbarer militärischer Widerstand machten sie zu ihren Lebzeiten zu Legenden. Ihr Ruf motivierte unterdrückte Menschen, ähnlich mutige Taten zu vollbringen, wie etwa ihren SklavenhalterInnen davonzulaufen und Hunderte von Meilen zu fliehen, um sich dieser neuen Community anzuschließen. Das Faszinierende an dieser einzigartigen Gruppierung ist, dass sie ihren Widerstandskampf weitaus länger als all die anderen Stämme in Amerika durchgehalten hat und dies sogar weitaus erfolgreicher als die Plains-Indianer. Sie träumten von ihrem eigenen Land und kämpften gegen viele Feinde, um es zu verteidigen.

Dies sind nur einige Beispiele für heldenhafte Communities, die von AnarchistInnen oft übersehen werden. Es gibt derer noch viel mehr: die französischen Meuterer im Ersten Weltkrieg, die PiratInnen in der Karibik und von Nordafrika, die Sklavenaufstände in der Neuen Welt, die englischen Bergleute, die revolutionären Seeleute im kalten Kronstadt und die vielen anderen,

deren Existenz aus den Geschichtsbüchern gestrichen wurden. Obwohl sie so viele geographische und historische Unterschiede aufweisen, haben sie doch eine ganze Reihe von Gemeinsamkeiten, auch wenn keine Gruppe all diese Charakteristika auf einmal aufweist. Zuerst einmal steht die gesamte Community im Mittelpunkt und nicht die Persönlichkeit einer/eines einzelnen Rednerin oder Redners. Zweitens: die Community ist offen für Außenstehende, neue Ideen und innovative Taktiken. Drittens: die Community entwickelt ihre eigene Mischformen eines dezentralisierten Widerstandes. Viertens: diese Communities machen die radikale Veränderung zum Zentrum ihrer Message, ihrer Kultur und ihrer Methoden.

In diesen Widerstandskulturen – angefangen bei den Maquis bis hin zu den SeminolInnen – sind häufig keine FührerInnen anzutreffen. Regierungen können führungslose Widerstandsformen nicht verstehen und erfinden deshalb oft falsche Führer und Masterminds. Ein bekanntes Beispiel ist Wild Cat, ein brillanter Krieger und Stratege, den die US-amerikanische und die mexikanische Regierung als Führer der SeminolInnen präsentierten. Er wies diesen Status zurück und sagte: »Ich spreche für mich selbst, weil ich frei bin. All die anderen sprechen auch für sich selbst. Wir sind ein ganzer Chor freier Stimmen, der eure Lügen übertönen wird.« Ebenso weigerten sich die französischen Maquis, FührerInnen zu Verhandlungen mit der Regierung in Vichy oder den Alliierten zu schicken. Frustriert zeigten beide auf De Gaulle als den Führer, obwohl dieser von Frankreich nach England geflohen war. Führerlose Widerstandsformen waren sowohl eine taktische als auch eine politische Notwendigkeit für die beherzten Communities und bleiben es auch für unseren heutigen Widerstandskampf.

Beherzte Communities haben nicht die Tendenz, unflexible Grenzen zwischen sich selbst und dem Rest der Welt aufzubauen, sondern sind eher offen gegenüber Outsidern und deren Ideen. Sie zeichnen sich sogar durch ihren flexiblen Charakter gegenüber jenen Gesellschaftsformen aus, gegen die sie sich wenden. Aus dieser Menge von Menschen mit unterschiedlichen Backgrounds und unterschiedlichen Vorstellungen über ihre Lebensziele erschaffen diese Communities haltbare und fruchtbare Kulturen. Diese gemischten Gruppen besaßen eine egalitäre Offenheit, mit welcher rasch Platz für neue Ideen und Methoden geschaffen wurde. Ihr Ziel war es, eine neue und freie Gesellschaft zu erschaffen, und sie waren auch bereit, dafür zu kämpfen. Sie lehnten taktische Zentralisierungen ab und weigerten sich auch, all ihre Kräfte auf dem Schlachtfeld gegen einen numerisch überlegenen und besser ausgerüsteten Gegner aufzustellen. Stattdessen nutzten sie die Flexibilität und die Innovationen von autonomen Affinity Groups, Zellen, Crews und Banden. Diese Communities ließen sich ihre Ideale nicht verwässern oder ihre Taktiken abschwächen, um populäre Unterstützung zu erreichen. Ihre Message sollte ihre Feinde einschüchtern und diente nicht Rekrutierungszwecken. Sie waren für die Leute gerade deshalb so attraktiv, weil sie ehrlich und natürlich waren und Aussicht auf wirkliche und sinnvolle Veränderungen boten.

Und da hören wir auch schon das Gezeter der KritikerInnen: »Aber sie sind doch allesamt gescheitert!« Traurigerweise haben sie sogar teilweise Recht. Keine dieser Widerstandsgruppen existiert heute in einer wiedererkennbaren Form weiter: Die SeminolInnen sind bekannt für ihre Casinos, und die Wobblies der Industrial Workers Of The World sind nur noch ein Schatten ihrer VorläuferInnen. Zu ihren Blütezeiten zeichneten sich diese Communities aber durch Beziehungen und kühne Widerstandsformen aus, die viele von uns heutzutage anstreben. Anstatt sie als interessante Fehlversuche auf die historische Müllhalde zu werfen oder sie zu vergöttern, sollten wir von ihren Methoden und Fehlern lernen. Mut ist ansteckend. Unsere Aufgabe muss es sein, genug Vertrauen in uns selbst zu entwickeln, um hier und jetzt mutige Communities zu bilden... denn Freiheit ist in der ganzen Welt zu Hause, ebenso wie wir auf der Welt zu Hause sind. Sie fällt aber so unterschiedlich wie jedeR einzelne ErdbewohnerIn aus.

Propaganda by the Need,
Propaganda by the Deed.

HIER TRAGEN SOGAR ENGEL UND HUNDE MASKEN

(Eine Geschichte, erzählt von der CrimethInc.-Agentin Regina de Bray)

Und dann sah die kleine Maus das Käsestückchen, die Milch und den kleinen Fisch. Es gab alles, was sie wollte, aber es war in der Küche. In die Küche konnte sie aber nicht, weil die Katze es ihr nicht erlaubte. Da sagte die kleine Maus »Jetzt ist aber genug!«, nahm ein Maschinengewehr und erschoss die Katze.

– »Die Geschichte von der kleinen Maus und der Katze«; eine zapatistische Kindergeschichte

SEI REALISTISCH…

Im Grunde bedeutet Anarchie nicht anderes, als deinen FreundInnen aus einer einzigen Motivation und einem einzigem Zweck heraus zu helfen: der Freundschaft selbst – wir AnarchistInnen nennen dies das Prinzip der gegenseitigen Hilfe. Obwohl es sich sehr einfach anhört, versuchen alle existierenden Kräfte, uns davon abzuhalten, unseren FreundInnen zu helfen. Wenn es nach den KapitalistInnen ginge, wäre die Welt ein kalter und trostloser Ort, an dem sich alle nur als potenzielle GegnerInnen und FeindInnen begegnen, weil einfach nicht genug für alle da ist. Von allem gibt es zu wenig – zu wenig Geld, zu wenig Zeit, zu wenig Essen, zu wenig Liebe – und schon sehr bald auch zu wenig saubere Luft oder zu wenig klares Wasser. Wer kann sich in so einer Welt schon noch FreundInnen leisten? Der einzige Weg, dieses gestörte Denken loszuwerden, ist, in die Welt rauszugehen und es zu widerlegen und zwar mit deinem eigenen Leben. Das ist genau das, was wir uns vorgenommen haben.

VERLANGE DAS UNMÖGLICHE!

Manchmal treffen wir unsere FreundInnen schon gar nicht mehr. Wir hören nur noch von ihnen, lesen über sie, hören ihre Musik, und egal, wie weit weg sie zu sein scheinen, fühlen wir uns doch mit ihnen durch ein Band der Freundschaft verbunden, das durch Zeit und Raum reicht. Eines Tages erzählte mir eine Nachbarin, dass die ZapatistInnen (die es mit ihrem bewaffneten indigenen Aufstand am Tag der Ratifizierung des NAFTA-Abkommens weltweit auf alle Titelseiten geschafft hatten) Computer und andere Hilfe gebrauchen könnten. Ich schaute ihr direkt in die Augen und sagte: »Ich geh da runter. So schnell wie möglich geh ich da runter.« Und ich meinte es so. Die Rebellion der ZapatistInnen hat die ganze Welt inspiriert, und obwohl wir sie noch nicht persönlich kennen gelernt hatten oder schon einmal in Chiapas gewesen waren, wollten wir doch versuchen, ihnen alles zu besorgen, was sie brauchten und was in unserer Macht lag. Wie die meisten AmerikanerInnen schon erkannt haben dürften, ist die westliche Gesellschaft so verschwenderisch, dass man jeden Tag vollkommen intakte Sachen auf dem Müll findet. Viele unserer FreundInnen nutzen diesen Wahnsinn aus und containern. Normalerweise beschränkt sich Containern auf Lebensmittel, die gerade mal ausreichen, um unsere hungrigen Bäuche zu füllen und etwas an Food Not Bombs weiterzugeben. Die Reichen schmeißen aber sogar Computer auf den Müll, wie hartes Brot, sobald das neueste Modell rausgekommen ist, und es ist ihnen egal, dass sich Millionen darüber freuen würden, diese Computer zu benutzen. Also entschieden wir, ein paar Computer zu containern und sie irgendwie nach Chiapas zu schaffen. Nichts einfacher als das!

Es gab verschiedene Probleme. Das erste war ein ernsthafter Mangel an Computern. Niemals sollte aber unser Enthusiasmus von so etwas Langweiligem wie der Realität gestoppt werden. Wir begannen also zu beten. Wir flehten die verschlagenen SchutzpatronInnen der DiebInnen und VagabundInnen um funktionierende Computer an. Kurz nachdem wir unsere dunklen Rituale vollzogen hatten, tauchten einige Computer als Antwort auf unsere Gebete auf. Eine Gruppe von AktivistInnen wollte einige Computer spenden, die sie von einer Non-Profit-Gruppe erhalten hatten. Unglücklicherweise waren wir aber in Boston, wo wir uns gerade von Anarcho-Protest-Aktionen erholten und die Computer waren an der Westküste! Kurzentschlossen machte sich eine Gruppe lustiger GesellInnen auf den Weg, um den dringend benötigten Nachschub und guten Willen nach Mexiko zu bringen.

Ohne großartige Vorräte und – wie immer – ohne Geld sprangen wir auf Züge auf und durchquerten den arktischen Norden der USA. Wir hatten nur eine große Packung Haferflocken dabei, die wir aber bald einer indigenen Familie abtraten, welche gerade nach Seattle trampte. Wir holten die Computer von den freundlichen AktivistInnen von der Westküste ab und mussten zu unserer Bestürzung feststellen, dass wir die Dinger ohne Auto noch nicht mal die Straße runterschaffen könnten – geschweige denn bis nach Chiapas in Mexiko. Wieder schienen wir durch mangelhafte Planung zum Scheitern verurteilt. Wir konnten mit den Teilen unmöglich auf Züge aufspringen oder trampen, und unser treuer Van war uns in Boston verreckt.

Glücklicherweise reiste gerade eine kleine Horde Anarcho-PrimitivistInnen auf dem Weg nach Arizona durch die Gegend, um den Untergang der Zivilisation voranzutreiben. Obwohl wir uns darüber bewusst waren, dass Computer ganz sicher in die Kategorie Zivilisation fallen, konnten wir sie doch dazu bewegen, uns zu helfen, nachdem wir ihnen unseren Plan erklärt hatten. Für die Anarcho-PrimitivistInnen war es sicherlich eine recht widersprüchliche Angelegenheit, trotzdem waren sie mehr als gern bereit, uns und im Endeffekt den ZapatistInnen zu helfen, indem sie die Computer auf ihre Vans schnallten und sie ihrer Endbestimmung einen Schritt näher brachten.

Wir wurden durch Kalifornien und Arizona mitgenommen und schafften es, alles durch eine wahre Orgie der Sprit-Klauerei und anderer Betrügereien zu finanzieren. In der Zwischenzeit hatten andere Mitglieder unserer stümperhaften Crew den Van aus Boston zu unserer geheimen Basis in den Vororten Atlantas gebracht und ihn für den Trip zurechtgemacht. Sie hatten sogar noch mehr Computer dabei, die ihnen von einer sehr bekannten

Firma aus Washington D.C. mehr oder weniger ›überlassen‹ worden waren. So begann der Van also randvoll mit Anarch@s seine lange Reise, auf der er einen Achsenbruch erleiden sollte und fast unter der Last der Computer zusammenbrach. Einer der Computer wurde bei einer Automechanikerin in Mississippi gegen eine gebrauchte Achse eingetauscht, so dass wir unsere Odyssee fortsetzen konnten.

Wir schafften es bis nach Arizona, sammelten noch ein paar Computer bei den Öko-Anarch@s ein und trafen auf das nächste Problem: Die Grenze schien absolut unüberwindbar. Schließlich konnte man nicht erwarten, dass die Grenzkontrollen keine Fragen stellen würden, wenn man einfach so einen ganzen Van voller Computer in ein Land einführte. Glücklicherweise bekamen wir Hilfe von einer Gruppe Quäkern und einigen anarchosyndikalistischen ArbeiterInnen aus Sweat Shops, die die Sachen ohne Probleme über die Grenze schafften. Nachdem wir den AnarchosyndikalistInnen einige Computer gegeben hatten, fuhren wir triumphierend Richtung Chiapas. Das eigentliche Kunststück lag darin, dass wir das alles ohne irgendwelche Ressourcen – außer unseres manischen Engagements und dem Glauben an die ZapatistInnen – geschafft haben. Es gelang nur durch die Hilfe von Balaclavas tragenden Anarcho-PrimitivistInnenen, einem (wahrscheinlich) verärgerten Manager aus Washington D.C., einer Automechanikerin aus Mississippi, mexikanischen Sweat-Shop-ArbeiterInnen und älteren PazifistInnen: einem Netzwerk von FreundInnen, die in der Lage waren, das Unmögliche für eine bewaffnete indigene Rebellion möglich zu machen. Durch gegenseitige Hilfe war es uns gelungen, ein Freundesnetzwerk über einen ganzen Kontinent zu spannen. Bleibt bloß noch die Frage: Was liegt als nächstes an?

Nach dieser Reise, saß ich mit einem Notizblock in der Hand am Straßenrand und schrieb die Kennzeichen der Polizeiautos und Militär-Trucks auf, die gerade an dem Zapatista-Dorf vorbeifuhren. Weiter oben war das, was einmal eine Kirche war und sich jetzt in etwas vollkommen anderes verwandelt hat. Die Kirche war voll mit Engelsbildern, deren Gesichter aber mit Bandanas und Balaclavas vermummt waren. An der Stelle, an der normalerweise das Bild Christi oder der Jungfrau Maria gehangen hätte, war die Jungfrau von Guadalupe abgebildet. Auch sie war vermummt und anstelle eines Kindes hielt sie ein Gewehr in ihren Armen.

Manuel war ein kräftiger Zapatist aus dem Ort, dessen Job es war, nur FreundInnen durch das Tor zu lassen, und der es ganz freundlich mit meinem gebrochenen Spanisch aufnahm. Ich fragte ihn, warum die Engel vermummt waren. Er sagte: »Hier sind sogar die Engel vermummt – es sind zapatistische Engel.« Wie in all den autonomen Communities, die ich besuchte, gab es auch hier ein Rudel Hunde am Rande der Stadt, die offensichtlich nichts Gutes im Schilde führten. »Ahh…«, machte ich einen Witz »wem gehören denn diese Hunde?« Manuel antwortete mir, dass es Perros Autónomos (autonome Hunde) wären – sogar die Hunde waren hier Zapatisten. Ich fragte ihn, warum sie denn keine Balaclavas tragen würden und er antwortete: »Wir vermummen uns alle. Die Engel, die Hunde, der Mais, die Jungfau Maria, die Kinder, die Alten – wir alle tragen diese Balaclavas. Manchmal tragen wir sie nicht, aber da sind sie immer.«

INFRASTRUKTUR ZUM TEUFEL NOCH MAL!

In den letzten zehn Jahren gab es eine sehr leidenschaftliche Diskussion unter den AnarchistInnen über die Notwendigkeit einer anarchistischen Infrastruktur in Nordamerika. Neben diesem tief greifendem Verlangen nach einer explizit anarchistischen Infrastruktur gab es wenige kollektive Aktivitäten diesbezüglich und auch keine klaren Vorstellungen darüber, wie diese Infrastruktur aussehen könnte.

Infrastruktur ist für uns einfach ein dermaßen komplexes Thema, dass wir keinen Gedanken an sie verschwenden, und erst recht keinen Versuch starten, sie zu schaffen. Beim Stichwort Infrastruktur kommen uns Dinge wie Transport, Kommunikationsnetzwerke, Abwässer, Wohnungen und Stromversorgung in den Sinn. Oder aber wir denken an gigantische Bauprojekte der öffentlichen Hand, die Millionen von Dollar kosten, Tausende ArbeiterInnen beschäftigen und oft Jahrzehnte oder länger für ihre Fertigstellung benötigen. Kein Wunder also, dass die meisten von uns durch den bloßen Begriff Infrastruktur wie gelähmt sind. Schlimmer ist jedoch, dass dieser Lähmungszustand zu einer skeptischen Grundhaltung bezüglich des Funktionierens einer anarchistischen Community führt. Es gibt aber noch eine andere Art der Infrastruktur und die ist klein, umsonst und nicht so verkrampft ernst – eine Infrastruktur weit ab der Infrastruktur der riesigen Dinosaurier, die uns heutzutage umgibt. Das Ziel, für das wir arbeiten, ist eine Gegen-Struktur, die uns nicht nur ermöglicht, außerhalb der momentan existenten Infrastruktur zu leben, sondern auch gegen sie.

Diese Gegen-Struktur ergibt sich, ohne dass man sie groß plant. Sie schleicht sich heimlich und wie auf Katzenpfoten in unsere Projekte. Die Gegen-Struktur wächst ganz natürlich als Reaktion auf die vorhandene physische Umwelt und momentanen Ereignisse. Deshalb ist Food Not Bombs (FNB) relativ populär in den Vereinigten Staaten, aber nicht so sehr in Schottland mit seinen vielen Suppenküchen und staatlichen Hilfsprogrammen. Gerade FNB hat so etwas wie einen Folk-Anarcho-Charakter weil es dabei um mehr geht, als nur unmittelbare Probleme zu lösen; es hilft allen weiter, die sich in seine einzigartigen Beziehungen begeben, die auf gegenseitiger Hilfe basieren.

Nehmen wir eine obdachlose (oder ›Obdach-freie‹, abhängig von ihrer Perspektive) Frau, die zu Food Not Bombs kommt, um umsonst zu essen: Sie hat die Möglichkeit, dort selbst aktiv zu werden und sich selbst voranzubringen und zu bestärken, indem sie mit der Gruppe Essen zubereitet. Schon nach kurzer Zeit kann sie zu einem integralen Bestandteil der ganzen Unternehmung und auch anderer Projekte werden. Dieser Prozess ist das genaue Gegenteil zu dem, was staatliche oder kirchliche Suppenküchen bieten, in denen hungrige Menschen zu passiven, gelähmten KonsumentInnen degradiert werden, die die Almosen der Belegschaft, den spezialisierten ProduzentInnen, entgegennehmen müssen. Bei Food Not Bombs handelt es sich nur um eine unter vielen Entwicklungen auf dem

Gebiet der Gegen-Struktur. Es gibt bereits Infoläden, befreite Räume, Indymedia, Internetdienste, Gesundheits- und medizinische Kollektive und Food Coops. Und obwohl die bestehende anarchistische Infrastruktur weit entfernt davon ist, perfekt zu sein (wir brauchen definitiv ein paar gute Anarcho-ChirurgInnen), so existiert sie doch außerhalb von Lehrbüchern und Wunschvorstellungen. Die wahre Stärke der anarchistischen Gegen-Struktur und zugleich der fundamentale Unterschied zur unterdrückerischen Infrastruktur der Dinosaurier liegt in ihrer Fähigkeit, andere zu inspirieren, diese Gegen-Struktur zu übernehmen, weiterzuentwickeln und auszudehnen.

Es gibt keine Führungsclique, die die mehr als 300 Food Not Bombs-Gruppen organisiert. Es gibt auch kein verrücktes Genie, das die vielen Indymedia-Kollektive auf der ganzen Welt leitet. Wir können alle die TrägerInnen, Stützen und ErschafferInnen der anarchistischen Gegen-Struktur sein. Dazu müssen wir uns nur in der ganzen Welt umschauen, gute Ideen erkennen und die Methoden zu ihrer praktischen Umsetzung erlernen und diese dann auf einem lokalen Level wiederholen. Unsere Leidenschaften und Ideen sollen ruhig unverfroren und dreist sein – trotzdem sollten wir uns auch durch unsere alltäglichen kleinen Siege inspirieren lassen. Die Leute müssen ermutigt werden, im Kleinen anzufangen, und begreifen, dass komplexe Infrastrukturen aus teils sehr bescheidenen Anfängen erwachsen.

Wenn es in deiner Gegend hungrige Menschen gibt, zerbrich dir nicht den Kopf über staatliche Genehmigung für die Gründung einer Non-Profit-Organisation oder eine Örtlichkeit, die du anmieten könntest, oder über die Art und Weise, wie eine Suppenküche geführt wird. Fang klein an! Hol ein paar FreundInnen zusammen, such nach Essen, das du nicht benötigst oder leicht ersetzen kannst, und bereite eine Mahlzeit zu. Dann mach einfach eine Party mit kostenlosem Essen für alle, die was wollen. Nimm einen Beutel mit Sandwiches, geh in den Park oder in die U-Bahn und verteil sie einfach. Wahrscheinlich sind alle Leute in deiner Umgebung auch genervt von den Mainstream-Medien; dann geh einfach zu Indymedia oder einem Infoladen und greif dir ein News-Posting oder ein Thema, mach Kopien von dem Text

und verteil es in deiner Mittagspause draußen unter den Leuten , damit sie darüber diskutieren. Wenn es keinen Ort gibt, um ein Treffen abzuhalten, dann mach es bei dir zu Hause oder besetz einen Tisch in der Bibliothek oder ihr trefft euch im Park.

Dezentralisierte Infrastrukturen können genauso effektiv (wenn nicht sogar effektiver) sein als schwerfällige, zentralisierte Strukturen. Es gibt eine Vielzahl von Beispielen für dezentralisierte Infrastrukturen, die einen nachhaltigen Eindruck bei Hunderttausenden hinterlassen haben. Auf den Bali-Inseln existiert ein dezentralisiertes Bewässerungssystem, das aber trotzdem Tausende Farmen mit Wasser versorgt und eine Schlüsselkomponente für die Fähigkeit zur Selbstversorgung der Insel ist. In Bolivien werden 15% des gesamten Trinkwassers durch einfache Brunnen in den Gemeinden bereitgestellt. Diese Brunnen werden von einer handvoll ungelernter ArbeiterInnen in jeder Gemeinde erbaut, und dabei stellen sie einen regelmäßigeren und verlässlicheren Service als das staatliche Wasserversorgungsunternehmen zur Verfügung. Und vor allem ist es umsonst! Community Gärten und kleine, von den Gemeinden unterstützte Landwirtschaftsinitiativen ergründen neue Wege für kleine FarmerInnen und GärtnerInnen in den Innenstädten und deren Vernetzung außerhalb der ausbeuterischen Agrarindustrie. Dollar Vans und Gypsy Cabs sind normalerweise deutlich effektiver für Communities wie Brooklyn und die Bronx als die riesigen und vollgestopften öffentlichen Verkehrsmittel; sie bieten eine schnelle und billige Transportmöglichkeit für die Bevölkerung.

Das Schöne an Infrastruktur auf einem überschaubaren Niveau ist, dass man sich daran beteiligen kann und es auf Mitbestimmung ausgerichtet ist. Es geht nicht nur darum, einfach eine benötigte Leistung (an Lebensmitteln, Räumlichkeiten, Wasser, Beförderungsmittel etc.) anzubieten, sondern man übernimmt auch direkt Verantwortung gegenüber der Community in der man aktiv ist und ermöglicht es den Leuten, voneinander zu lernen. Das Ganze konzentriert sich auf die Bedürfnisse der Community und die schon vorhandenen lokalen Ressourcen und die Fertigkeiten der BewohnerInnen. Das ist der grundlegende Vorteil dezentralisierter Infrastruktur: sie kombiniert gegenseitige Hilfe und DIY-Ethik, so dass die Helfenden und jene, denen geholfen wird, gleichermaßen durch den Prozess erstarken und die Trennlinie zwischen ProduzentInnen und KonsumentInnen zusehends verschwindet. Anstatt nur eine einfache Dienstleistung zu sein, stärkt die dezentralisierte Infrastruktur Beteiligten und ist in der Lage, sofort auf die sich verändernden Bedürfnisse der Community einzugehen.

Warum sollten nun AnarchistInnen ihre limitierten Ressourcen und Energievorräte für die Arbeit an Infrastruktur opfern, wenn es da draußen doch andere Projekte gibt, die es auf die Beine zu stellen gilt? Warum eine Gegen-Struktur aufbauen, wenn Protestaktionen organisiert werden müssen, Kunstinstallationen fertig zu stellen sind, es Bands zu sehen gibt und Manifeste geschrieben werden müssen? Worin besteht der politische Wert, mit einem schrottigen Van alte Omis zu den Community Gärten zu fahren, damit sie ein bisschen Gemüse holen können? Warum sollte man einen kostenlosen Babysitter-Service aufbauen, wenn sich die ganze Nation gerade auf einen neuen wahnsinnigen Krieg vorbereitet? Wo liegt die politische Motivation, ein Squat für ein paar Familien zu eröffnen und wiederherzurichten, wenn da draußen 35.000 Leute auf den Straßen unserer Stadt schlafen? Wer interessiert sich schon für ein schlecht kopiertes Zine, wenn die meisten AmerikanerInnen ihre Nachrichten eh von den Fernseh-Mogulen beziehen? Gibt es nicht bessere Sachen, die die Anarch@s machen sollten?

Kurz gefasst ist die Antwort ein fulminantes »Nein.« Diese ›wichtigeren Sachen‹ sind unmöglich ohne eine lebensfähige anarchistische Infrastruktur. Es ist unmöglich, einen Krieg zu stoppen, ein IWF-Meeting zu sabotieren oder eine freie egalitäre Gesellschaft aufzubauen, ohne eine effektive, dezentralisierte Infrastruktur zu besitzen. Die gute Nachricht hierbei ist, dass es diese Infrastruktur möglich macht, dass ihr effektiver in euren Kämpfen gegen den Krieg, gegen den Staat und gegen das kapitalistische System seid. Um die Leute auf die Straße zu bringen, müssen wir zuerst einmal sicherstellen, dass es auf diesen Straßen auch Unterkünfte, Essen, Rechtshilfe, Kommunikationsmittel und medizinische Hilfe gibt. Wir sind nicht nur politische Wesen, sondern auch Kreaturen aus Fleisch und Blut, die Essen und Wasser brauchen, die sich ausruhen und die gesund sein müssen, um sich in die politische und soziale Arbeit stürzen zu können.

Infrastruktur ist nicht etwas Abstraktes, das nur durch große Bürokratien erschaffen werden kann. Im Gegenteil: im größeren Teil der Geschichtsschreibung haben die Menschen sich selbst um die Bedürfnisse ihrer Communities gekümmert, ohne Hierarchie und Zwang oder dementsprechende Institutionen. Die Gesellschaft ist sehr komplex, aber das kommt vor allem durch die Tendenz der Behörden, Macht und Reichtum zu horten. Umso mehr explizit anarchistische Infrastrukturen wir besitzen, desto mehr Zeit, Energie und Ressourcen stehen uns für einen ernsthaften Widerstandskampf zur Verfügung. Genau aus diesen Gründen ist der Aufbau von Infrastrukturen als sehr sinnvolle, bedeutende und wertvolle politische und kulturelle Arbeit anzusehen. Es gibt sehr viele brachliegende Fertigkeiten, Materialien und Ideen in unseren Communities – wir müssen nur Willens sein, sie ausfindig zu machen.

DIESE GRANATE IST FÜR DEN TRUPPENCHEF

»Zu Meutern heißt, im Krieg ein Gewissen zu zeigen.«
– weit verbreitetes Motto der Soldaten in
den Schützengräben des 1. Weltkrieges

Unsere Zukunft ist noch nicht vorbei und für viele von uns hat die Gegenwart noch nicht mal begonnen. Wenn wir jedoch die offizielle Geschichtsschreibung akzeptieren, können wir die Vergangenheit nur als eine weitere Belastung empfinden, die uns nach unten zieht. Dabei kann Geschichte eine lebendige kulturelle Erinnerung sein, an die man sich erinnern kann, die man neu erleben kann. Wir können sie auf neue Weise herausfordern, mit ihr anders umgehen und sie, wenn sie nicht länger gebraucht wird, einfach zurücklassen.

Auf was für eine Geschichtsschreibung können die Anarch@s zurückgreifen? Nun ja, sie versteckt sich an den unerwartetsten Orten. Geschichte ist nichts weiter als die Summe der kollektiven Erinnerungen und Erfahrungen der Welt, und wir sind genauso Teil davon, wie all die anderen Sachen in den Geschichtsbüchern. Wenn es uns gelingt, die durch die offizielle Geschichtsschreibung niedergetrampelten und ausgeblendeten Stimmen aufzudecken, indem wir zwischen den Zeilen lesen und über die offiziellen Texte hinausgehen, dann werden wir eine Geschichte entdecken, an die man sich gern und zu Recht erinnern kann. Unsere lokale Forschungseinheit hat eine Geschichte des Widerstands in einer der autoritärsten und unerwartetsten Umgebungen gefunden, die man sich vorstellen kann: dem Militär.

»MEUTEREI: AUFLEHNUNG, REBELLION GEGENÜBER EINER GESETZMÄSSIGEN AUTORITÄT« – *Wörterbuch*

Die Geschichte der Meuterei ist die Geschichte der bewussten Rebellion gegen militärische Hierarchien. Die Geschichte der Meuterei ist weitaus lehrreicher als die langweiligen imperialen Siege gewisser Staaten und ihrer mörderischen Armeen. Seit der ersten belegten Meuterei von gallischen Wehrpflichtigen gegen Julius Caesar vor über 2.000 Jahren haben Meuterer eine wichtige Rolle bei der Verhinderung der absolutistischen und militaristischen Träume von zukünftigen Imperatoren gespielt. Meutereien gab es in jedem Krieg und auf jedem Kontinent. Es gibt eine klare Verbindung zwischen den Meuterern aller geschichtlichen Epochen und unseren heutigen Kämpfen – die Ablehnung einer totalitären Autorität und das heftige Verlangen nach Freiheit.

Meutereien sind keine willkürlichen Akte verstimmter SoldatInnen. Meutereien sind politische Aufstände: die Ablehnung des britischen Kulturimperialismus durch die Moslems in der Sepoy-Meuterei, der Kampf schwarzer SoldatInnen gegen ihre rassistischen Vorgesetzten auf der USS Chicago, die Erhebung der unbezahlten MigrantInnen gegen die Gewerkschaft während des US-Amerikanischen Bürgerkrieges, die Ablehnung kommunistischer Tyrannei durch anarchistische Seeleute während des berühmten Aufstands von Kronstadt oder auch die Verbrennung von Baracken durch misshandelte SoldatInnen während des Papua-Aufstands in den Jahren 1999 und 2002.

Free For All

»Disziplin ist die Seele einer Armee.“
– George Washington

Die meisten Texte über Meutereien stammen aus offiziellen Militärberichten und den Transkripten der Militärtribunale. Trotz dieser voreingenommenen Berichte können die Behörden nicht verleugnen und schon gar nicht verschleiern, warum so viele Befehlshaber bei dem Gedanken an Meutereien um den Schlaf gebracht werden. Der ›Vietnam-Konflikt‹ durch eine Reihe handfester Meutereien gegen das US-Militär gekennzeichnet. Als ein amerikanischer Soldat in Vietnam einen höher gestellten Offizier tötete, kam der Begriff »fragging« sehr in Mode. »Fragging«, oder »splittern« bedeutete nichts anderes, als dass eine Splittergranate bei diesem Mord benutzt worden war, aber später wurde es zu einem allumfassenden Wort für diese Aktionen. Obwohl die genaue Anzahl dieser »fraggings« während des Vietnamkrieges nicht bekannt ist, schätzt man, dass es Hunderte, wenn nicht Tausende waren. Dr. Terry Anderson von der Texas A & M University schrieb dazu: »Die US Army weiß selbst nicht genau, wie viele... Offiziere ermordet wurden. Aber sie wissen, dass mindestens 600 ermordet wurden und dann waren da noch 1.400 die auf mysteriöse Weise umgekommen sind. Anfang 1970 war die Armee nicht mehr im Krieg mit dem Feind, sondern mit sich selbst.« Viele PazifistInnen argumentierten, dass man doch nicht zum Militär gehen solle, aber es gab auch AktivistInnen, die den Mut hatten, ihre Ideale innerhalb der Armee, also unter den Armeeangehörigen zu verbreiten und die auch couragiert genug waren, einem Offizier in den Kopf zu schießen. Das war mindestens genauso effektiv wie eine weitere Friedensdemonstration in Washington, D.C. Man konnte sich also keineswegs über mangelnde Vielfalt bei den Taktiken beklagen.

Die Meuterer in Vietnam hatten ausgefeiltere Methoden als ihre Vorfahren, wenn es darum ging, die Medien zu benutzen oder nicht-hierarchische Strukturen aufzubauen, um die Meuterei zu schüren. In den Hochzeiten gab es mindestens 144 Untergrundzeitungen, die in den US-Militärbasen in den USA oder in Übersee publiziert wurden oder die Soldaten dieser Basen ansprechen sollten. Diese Publikationen waren keine Meckerblätter in amüsant-süffigem Stil, sondern leidenschaftliche Aufrufe zum Widerstand. »In Vietnam«, so schreibt die Ft. Lewis-McChord Free Press, »sind die Berufssoldaten und die Brass der wahre Feind und nicht der Viet-Cong.« Ein anderes Blatt von der Westküste weist seine LeserInnen an: »Desertiert nicht. Geht nach Vietnam und tötet eure Offiziere!« Es wurden sogar Infoläden in den Militärbasen in den USA und im Ausland eingerichtet. 1971 gab es mindestens 11 (einige Militärforscher sprechen von insgesamt 26) so genannte »Coffee Houses«, die offen gegen Krieg waren und fest auf den Basen agierten. Für die GIs gab es dort Rockmusik, billigen Kaffee, Antikriegsliteratur, Tipps zum Desertieren und dementsprechend geartete Beratungsstellen. Diese »Coffee Houses« organisierten einen tief greifenden Widerstand innerhalb der US-Streitkräfte.

All diese Agitationsaktivitäten und Organisationsansätze führten nicht nur zu Zeitungen, Infoläden und dem regelmäßigen »fragging« von Offizieren, sondern behinderte auch die Fähigkeit der US-Streitkräfte, den Krieg richtig ins Rollen zu bringen. 1970 gab es in der Armee 65.643 Deserteure, was ungefähr 4 Infanteriedivisionen entspricht. Die Desertionsquote erhöhte sich jährlich um 12%. Die US-Armee war anfänglich hilflos gegenüber der Verbreitung der Meuterei in ihren Reihen und das obwohl sie die repressivsten Gesetze hatte, über liberale Exekutionsbestimmungen verfügte und die Belegschaft der Militärpolizei um 230% erhöhte. Zusätzlich zu Massendesertionen und zielgerichteten »fraggings« gab es auch einige Sabotageakte, um die US-Armee zum Erliegen zu bringen. In einem sehr bekannten Fall hatten Seeleute einen Flugzeugträger stark beschädigt, indem sie Salzwasser in die Computer kippten, Schraubmuttern lösten und sogar die Frachträume fluteten, so dass er komplett versenkt werden musste, und den Hafen von San Francisco nicht mehr verlassen konnte.

Um einen ausgewachsenen Aufstand zu verhindern, griffen das Verteidigungsministerium, die Geheimdienste und verschiedene Propagandaabteilungen im Sommer 1971 ein und gründeten die »Cultural Front«. Offiziere hatten auf einmal Koteletten, gaben Vorlesungen zu aktueller Popmusik, produzierten schmucke Counterculture-Zines und eröffneten »Patriot Clubs«, die nicht nur billigen Kaffee und Alkohol ausschenkten, sondern sich auch auf Heroin spezialisierten. Die US-Armee in Vietnam, früher eine fruchtbare Brutstätte des Widerstands gegen militärische Autorität, wurde mit betäubenden Drogen und so genannter alternativer Kultur gezähmt. Die Meuterer verloren ihren Schwung und der Krieg ging mit einer stark gesunkenen Desertionsrate, weniger »fraggings« und Militärsabotage zu Ende. Das Militär hatte seine Lektion gelernt. Heutzutage baut die USA auf eine Freiwilligenarmee, überlegene Technik und ausländische Verbündete, die nicht immer leicht zu überzeugen sind, deren Opfer aber auch später nicht in schwarzen Plastiksäcken an amerikanische Mütter geschickt werden. Das Militär hatte begriffen, dass Kultur ein stärkeres Werkzeug war, als Exekutionskommandos es jemals sein könnten. Genauso wie die Armee aus ihren Fehlern lernt, müssen es auch die AnarchistInnen tun, wenn sie das Militär ein für alle mal demontieren wollen.

Die RAND Corp., eine der intelligenteren Nervenzellen des modernen Dinosauriergehirns, berichtet, dass die Stärke moderner Meutereien ohne Zweifel »in den Vorteilen eines dezentralisierten Modells« liegt. »Führerlose Meuterer, ohne materielle Ambitionen und nur durch eine tiefe Verbitterung angetrieben, sind ganz besonders widerstandsfähig gegenüber traditionellen Überwachungs- und Kontrollmechanismen.« Der Bericht basiert auf den letzten Meutereien in der Georgischen Republik und in der russischen Armee bei der fehlgeschlagenen Invasion in Afghanistan. Er sagt aus, dass die Meuterer immun gegen die traditionelle patriotische Propaganda und Aufrufe zur Befolgung der Bürgerpflicht sind. Weiterhin wird erklärt, dass die Meuterer die Zivilbevölkerung mit »falschem Mut« und dem »Underdog-Prinzip« infizieren könnten, was zu einer »substanziellen Gefährdung anderer, [nicht]-militärischer Autoritäten« führen könnte. RAND empfiehlt daraufhin, dass Initiativen wie die »Cultural Front« von 1971 auf »Rekrutierungsbasen [in zivilen Gemeinden], wo die nötige Disziplin eingeführt werden kann, bevor der Rekrut überhaupt die Papiere im Rekrutenbüro unterschreibt«, ausgedehnt werden müssen.

Was der RAND-Bericht nicht erwähnt, ist, dass sich die Meuterer eigentlich nicht so sehr von der Zivilbevölkerung unter-

scheiden. Es sind meistens Wehrpflichtige, Farbige und Arme. Das sind die Menschen, die von den Mächtigen, der Elite, als entbehrlich erachtet werden. In allen Meutereien ging es ums Überleben und um Gerechtigkeit, und dies ist besonders denen klar, die die Unterdrückungsmechanismen am stärksten zu spüren bekommen haben, egal, an welcher Stelle der militärischen Maschinerie sie standen.

Meutereien sind keine Revolutionen. Es sind Aktionen (oder manchmal ein ganzes Aktionsbündel), die sich direkt und aktiv gegen Unterdrückung wenden, um den Befehlshaber loszuwerden. Für alle Zivilisten stellt jede Form von gesetzmäßiger Autorität einen ›Captain‹ dar; ob nun Cop, unmoralischeR LehrerIn oder herrschsüchtiger Boss. Im Gegensatz zur glorreichen Revolution finden Meutereien in der unmittelbaren Umgebung und im kleinen Rahmen statt. Sie beschäftigen sich auch nicht zu sehr mit dem, was nach der Meuterei passieren soll. Wenn die Unterdrückung absolut überwältigend ist, wie auf dem Schlachtfeld, sind Meutererereien oft opportunistisch oder spontan ohne eine spezielle politische Motivation außer der wichtigsten: Überleben. Diese Revolten sind von Haus aus anarchistisch: sie lehnen Autorität aufs schärfste und in ganz konkreter Form ab. Meutereien sind Situationen, in denen die Beteiligten Regeln, auserwählte FührerInnen und jegliche Kontrolle ablehnen.

Ein entscheidender Unterschied zwischen normalen Leuten und Meuterern ist natürlich, dass die Meuterer schwer bewaffnete Streitkräfte sind, die als Stütze des Staates fungieren. Wenn dies alles aber in einem der wichtigsten Heiligtümer des Staates, dem Militär, möglich ist, dann ist es überall möglich. Wenn wir wirklich den Anspruch haben, mit den verschiedensten Methoden und Taktiken zu agieren, dann sollten wir beim nächsten Mal, wenn der Staat wieder einen Krieg beginnt, die Möglichkeit in Erwägung ziehen, in die Armee einzutreten, anstatt ein Peace-Zeichen zu tragen oder eine Infoveranstaltung zu machen.

MEUTEREI ALS ANTIAUTORITÄRE REVOLTE IM ALLTÄGLICHEN LEBEN

Heutzutage werden relativ wenige Menschen in der USA dazu gezwungen, in die Armee einzutreten. Anstelle von Wehrpflichtigen hat der Staat ein SöldnerInnenheer aufgebaut, das sich aus den ärmsten und unterdrücktesten Menschen der USA zusammensetzt: Farbige und arme Menschen. Das sind Menschen, die unter anderen Umständen unsere Verbündeten, unsere KampfgefährtInnen im Kampf gegen den Staat wären.

Über eine Billion Dollar wird jedes Jahr von der US-Army für raffinierte Werbung, Rekrutierungsaktionen in Schulen und andere Formen ausgefeilter Manipulation ausgegeben, um die Ärmsten und die mit der schlechtesten Bildung dazu zu verleiten, ihre Freiheit zu opfern und die imperiale Ordnung durchzusetzen.

Schon vor dem Zweiten Weltkrieg besaß der Staat ausgeklügelte Methoden, um Kultur gegen uns zu verwenden und unsere Leben zu kontrollieren. Wie RAND und andere aufzeigten, ist es ein Risiko, die Bevölkerung mittels großer bewaffneter Kräfte unter Kontrolle halten zu wollen: es könnten Waffen an Meuterer und Aufständische gegeben werden. Heutzutage hat man die Bajonette des Ersten Weltkrieges, mit dem die Soldaten gefügig gemacht wurden, durch Bosse und GewerkschaftsführerInnen ausgetauscht, die die arbeitenden Menschen unter Kontrolle bringen sollen. Dennoch ist der meuternde Geist im Widerstand der US-amerikanischen Bevölkerung gegen Zwangsarbeit lebendig geblieben. Auch wenn dieser Widerstand zerstreut wurde und nur unter der Oberfläche brodelt, so sind die Tage der militanten ArbeiterInnen keine bloße Sache der Vergangenheit. Anstatt sich auf Gewerkschaften zu verlassen, die Schoßhunden ähneln, hat die arbeitende Bevölkerung in letzter Zeit zurückgeschlagen. Der Arbeitsplatz ist zu einem Schmelztiegel alltäglicher Meuterei geworden: Wildcat Strikes, Enteignung von Materialien, Sabotageakte und sogar Massendesertionen in Form von Arbeitsniederlegungen. Wenn diese Aktionen aus Solidarität mit anderen Kämpfen stattfinden, dann ist die Meuterei eine starke Waffe gegen Kapitalismus und Staat. Ein gutes Beispiel waren die HafenarbeiterInnen, die während der Anti-WTO-Proteste die Hafenbecken der gesamten Westküste lahm gelegt haben.

Wo kann Meuterei sonst noch stattfinden? In unseren Schulen geben sie sich nicht wirklich große Mühe, das Indoktrinationsprogramm zur Heranzüchtung guter ArbeiterInnen und noch passiverer KonsumentInnen zu verschleiern. Die Degradierungen beim Militär wurden im zivilen Leben durch die permanenten Einträge auf den Hochschulzeugnissen ersetzt. Trotzdem meuterten StudentInnen und SchülerInnen mehrere Male seit der Revolten der 70er, in denen High-School-Studierende in Berkley die LehrerInnen stürzten und drei Schulen in autonome Zonen verwandelten. Im Jahr 2002 desertierten z.B. in New York City mehr als 20.000 SchülerInnen und StudentInnen, in der Mehrzahl Schwarze und Latin@s aus den Stadtzentren, von ihren Schulen, um ihrem Ärger auf der Straße Luft zu machen. Während des zweiten Golfkrieges traten britische SchülerInnen und StudentInnen in den Streik und blockierten militant Straßen. Mit ihrem Engagement und ihrer Entschlossenheit zu Direct Action und aufrichtiger Autonomie, ließen sie ihre Eltern wahrlich alt aussehen. Heutzutage füllen Tausende von Untergrund-Zeitungen und Zines die Wohnungen und Geister der RebellInnen, und es ist nur eine Frage der Zeit, bis die nächste Welle der Meuterei die Schulsysteme dieser Welt herausfordert.

Das Militärgefängnis bei der Armee wurde durch das kriminelle Un-Rechts-System ersetzt. Der vertagte Traum namens Amerika kann kaum durch diese sozialen und echten Gefängnisse eingegrenzt werden. Attica ist der wohl bekannteste Gefängnisaufstand, aber es gab in letzter Zeit Hunderte mehr. In allen amerikanischen Gefängnissen bewaffnen sich die Gefangenen mit Büchern, Diskussionsrunden und Leidenschaft, um frei in dieser totalitären Umgebung zu leben. Die Organisierung der Gefangenen ist in letzter Zeit immer besser geworden: Studiengruppen und andere Projekte gegenseitiger Hilfe wurden gegründet. In der miserablen Gefängnisumgebung gibt es immer noch Zeichen des Widerstands, was sich in den Anstrengungen der Gefangenen zeigt, Gewerkschaften zu gründen und sich selbst zu bilden.

Fallt bloß nicht drauf rein: Gesetzliche Gewalt ist auch unter dem zivilen Deckmantel immer genauso repressiv und gefährlich wie militärischer Autoritarismus. Die Meuterei wurde niemals beendet... Wir sollten Willens sein, uns jeglicher Autorität entgegenzustellen, die versucht, unsere Leben und

Leidenschaften im Namen des Imperialismus, der Konsumgesellschaft oder des Patriotismus zu vernichten. Wenn der nie enden wollende orwellsche »Krieg gegen den Terror« das alltägliche Leben in den Metropolen militarisiert, können wir alle zu Meuterern werden. Die Leute desertieren schon in zunehmender Zahl von ihren Arbeitsplätzen, ihren Schulen und ihren Konsumtempeln... Wenn allerdings Desertion nicht möglich ist, wird Sabotage zur Pflicht.

Wir können uns den Befehlen politischer FührerInnen und Wall-Street-BetrügerInnen verweigern. Lasst uns unsere Energien auf die Erschaffung neuer Kommunikationswege, besserer Infrastrukturen, autonomer Räume und die Veröffentlichung noch leidenschaftlicherer Propaganda konzentrieren. Ob wir uns tagtäglich tot rackern, StudentInnen, Arbeitslose oder Gefangene sind, wir wissen bestens Bescheid, wenn es um unsere Ausbeutung und Unterdrückung geht. Es steht in unserer Macht, aus den Läden zu verschwinden, die unsere Leben unter Wert verkaufen, die Arbeitsplätze zu sabotieren, die unsere Körper und unsere Geister versklaven, oder die abstumpfenden Dogmen unserer Schulsysteme wegzusprengen. Legt nicht nur auf die Unteroffiziere an, sondern auch auf GeschäftsführerInnen, BetriebswirtInnen, die nationale Regulierungsbehörde für den Telekommunikations- und Fernsehmarkt, ADA und all die anderen, die über eure Leben bestimmen möchten! Wir müssen mutig genug sein, gegen die kulturellen Gleichschritts- und Gleichschaltungsprogramme zu meutern, egal in welcher Form sie auftreten: MTV, Starbucks oder ›alternative Mode‹. In der Vergangenheit waren Meuterer mit Granaten, Bajonetten und Maschinengewehren bewaffnet – heutzutage sind wir mit unseren Wünschen, unserer Intelligenz und einer Hosentasche voller Steine bewaffnet und vielleicht auch noch mit anderen Sachen...

LANG LEBE DIE MEUTEREI!

RECIPE FOR AFFINITY GROUPS©*
FROM ANARCHIST's COOKBOOK
NO EXCUSES FOR BAD ART.
*STEAL ME
AFFINITY GROUPS ARE EXCELLENT FORM FOR ALL OCCASIONS: LOCAL PROJECT, INTERNATIONAL CAMPAIGN SOCIAL GATHERINGS, DIRECT ACTIONS, ETC.. THEY COME IN MANY VARIETIES AND SIZES, FROM ON-THE-STREET-DIRECT ACTION (POPULAR IN SEATTLE, PRAGUE AND QUEBEC CITY) TO MANAGING AN INFOSHOP. REGARDLESS OF THE FINAL DISH, THESE AFFINITY GROUPS HAVE SEVERAL TRAITS IN COMMON WHICH HAVE MADE THEM SO POPULAR WITH THE CIRCLE A CROWD. HERE ARE A FEW THINGS THAT YOU SHOULDN'T FORGET WHEN PUTTING TOGETHER YOUR OWN AFFINITY GROUP...
TAKE 3-10 (MORE OR LESS) INDIVIDUALS...
SWEETY
ZIMTZICKE
HOT PEPPERS
SALT
SOUR
CRUSTY
?
...1 MAIN PROJECT
(add more as necessary)
3 CUPS OF RESPECT
(take 3 bottles when you're HARD(CORE))
RES
PE
CT
I THINK I RESPECT MYSELF A LITTLE BIT MORE NOW... FUCK... IT DOESN'T MATTER...
...1 WEEKLY CHANCE TO SOCIALIZE (minimum)
LA LA LA
HIPPIES
I THINK I'M LOSING SELF-RESPECT... HAND OVER THE BOTTLE!
...1 DASH OF FUN
...SIMMER UNTIL CONSENSUS IS REACHED
ASSHOLE
MORON
DITO
FROM AN ACTUAL ANARCHIST'S COOKBOOK...
DRAWINGS: MAHA 81@web.de 6.2.03

DAS ENDE *der Arroganz*

Dezentralisierung anarchistischer Organisationsformen

Zu lange schon wurden anarchistische Projekte durch die arroganten Phantastereien über die Masse kaputt gewirtschaftet. Unbewusst haben wir das Dinosauriermodell (das Modell des Staates, des Kapitalismus und des Autoritarismus) des ›Umso größer, desto besser‹ übernommen und unsere Aktionen und Gruppen auf diesen Zweck ausgelegt. Obwohl wir intuitiv ahnen, dass große Organisationen selten mehr erreichen als kleine, eng zusammenarbeitende Gruppen, ist das Verlangen nach Masse immer noch sehr stark geblieben. Lasst uns noch mal überdenken, wie wir Projekte organisieren, damit wir vom Albtraum der Bürokratie, der Zentralisierung und der uneffektiven Projekte erwachen. Die Ablehnung von Massenorganisationen als das Ein-und-Alles der Organisationsformen ist enorm wichtig für die Wiederentdeckung der Möglichkeiten effektiver anarchistischer Arbeit und die sich daraus ergebene Stärkung des Individuums und der Bewegung.

STRUKTUR IST TYRANNEI

Die meisten Massenstrukturen resultieren aus Gewohnheit, Trägheit und dem Mangel an kreativer Kritik. Das Streben nach Masse ist in der gleichen Weise akzeptiert, wie es akzeptiert ist, dass Gruppen FührerInnen haben müssen und Entscheidungen durch Abstimmen gefällt werden. Auch AnarchistInnen sind dazu verleitet worden, übergeordnete Strukturen und große Organisationen aus Gründen von Effizienz, Masse und Einheit zu akzeptieren. Diese übergeordneten Strukturen wirken wie ein legitimierendes Label und scheinen oftmals der einzige Weg zu sein, über den uns Außenstehende wie Medien, Polizei, oder traditionelle Linke verstehen können. Das Resultat ist ein Buchstabenwirrwarr der Megagruppen, die im Allgemeinen nur existieren, um sich selbst zu propagieren und sich traurigerweise auch allein darauf beschränken. Leider wurden wir nicht nur dazu verleitet, diese übergeordneten Strukturen als vornehmlichen Ort unserer Aktivitäten zu akzeptieren; vielmehr haben viele dem Ganzen bereitwillig zugestimmt, weil die Aussicht auf Masse sehr verführerisch ist.

Große Koalitionen und übergeordnete Strukturen sind nicht nur die Methode der Wahl für viele linke Gruppierungen, sondern auch für anarchistische Unternehmungen geworden. Sie sprechen besonders die arroganten Massen-Fantasien einiger AktivistInnen an. Selbst unsere positivsten Intentionen und kühnsten Träume werden oft überschattet vom Traum der schwarzen Masse, die die Bastille oder das Hauptquartier des IWF erstürmt.

Der Preis für den arroganten Traum der Masse ist erschreckend hoch und zahlt sich nie wirklich aus. Übergeordnete Strukturen wie Föderationen, zentralisierte Netzwerke und Massenorganisationen benötigen Energien und Ressourcen, um zu überleben. Es handelt sich bei ihnen jedoch nicht um Perpetuum Mobiles, die mehr Energie produzieren, als in sie hineingepumpt wird. In Communities mit limitierten Ressourcen und Energievorräten können diese Strukturen die gesamte Community zu einer ineffektiven Gruppe werden lassen, weil die wenigen Ressourcen eben von diesen Strukturen aufgebraucht werden. Große gemeinnützige Organisationen haben kürzlich ein Beispiel für dieses Problem geliefert: Organisationen wie die Heilsarmee verwenden gemeinhin 2/3 ihrer finanziellen Mittel und weitaus größere Anteile ihrer Arbeitskräfte darauf, ihre Existenz zu erhalten. Dazu gehören FunktionärInnen, Outreach-Aktivitäten, Treffen und Öffentlichkeitsarbeit. Im besten Fall werden 1/3 ihrer Ressourcen für die angegebenen Ziele verwendet. Derselbe Trend ist in unseren politischen Organisationen vorherrschend.

Wir alle wissen, dass bei großen Koalitionen und übergeordneten Strukturen außerordentlich lange Treffen die Regel sind. Dazu hier eine sehr lehrreiche Rechenaufgabe: Wenn Du dich wieder mal auf einem extrem langen Treffen langweilst, dann zähl die teilnehmenden Personen, multipliziere die Anzahl mit der Länge des Treffens und du erhältst die ungefähre Anzahl der Arbeitsstunden, die darauf verwandt werden, die Organisation am Leben zu erhalten. Dazu noch die Zeit für An- und Abreise, Kontaktaufnahme und Werbung für das Treffen jedes Mitgliedes und wir erhalten die Stundenzahl, die dem gierigen Rachen der übergeordneten Strukturen geopfert werden muss. Nach dieser albtraumhaften Vorstellung haltet einen Moment inne und stellt euch vor, wie viel erreicht werden könnte, würdet ihr diese ungeheure Menge von Zeit, Ressourcen und Energien in das eigentliche Projekt investieren, anstatt sie für diese Art von ›Aktivismus‹ zu verwenden.

AFFINITY ODER UNTERGANG

Die übergeordneten Strukturen sind nicht nur eine sehr verschwenderische Angelegenheit, sie verlangen auch noch, dass wir unsere Ideale und Affinitäten verpfänden. Gesetzmäßig wird durch Bündnisse versucht, Programme zu schaffen und durchzusetzen. Dabei handelt es sich nicht nur um einfache Tagesordnungen für ein bestimmtes Treffen, sondern um das Setzen von Prioritäten, mit denen bestimmt wird, welche Arbeit wichtig ist. Bei nicht-anarchistischen Gruppen führen diese Prioritäten oft zu einer organisatorischen Hierarchie, mit der sichergestellt werden soll, dass alle Gruppenmitglieder den Programmpunkten zustimmen.
Ein sehr gutes Beispiel ist die Rolle des Gruppensprechers (und fast nie ist es eine Gruppensprecherin), dessen Kommentare als die Meinung von Dutzenden, Hunderten oder auch Tausenden Menschen aufgefasst wird. In Gruppen ohne Parteilinie oder Parteiprogramme sollten wir keinesfalls eine Person als SprecherIn akzeptieren, der/die für uns als Individuen, Affinity-Groups oder Kollektive spricht. Während die Wahnvorstellungen solcher Medienstars und SprecherInnen einfach nur nerven, können übergeordnete Strukturen weitaus schwerwiegendere Folgen nach sich ziehen. Bei Massenmobilisationen oder Massenaktionen wird die Vorgehensweise eines großen

Bündnisses oftmals von einer Handvoll Leute bestimmt. Viele der missglückten Aktionen und der kleinen und großen Desaster bestimmter Mobilisationen in jüngster Vergangenheit können direkt auf die Zentralisierung von Informationen und taktischen Entscheidungen in den Händen eines kleinen Führungsstabes innerhalb eines großen Bündnisses zurückgeführt werden. Diese großen Bündnisse setzen sich ihrerseits aus Dutzenden von Kollektiven und Affinity Groups zusammen. Für AnarchistInnen ist eine derartige Konzentration von Macht und Einfluss in den Händen einiger Weniger einfach inakzeptabel, aber nur allzu oft lassen wir uns dazu verleiten, Bündnisse zu schließen.

Es ist ein sehr altes Leitprinzip der anarchistischen Philosophie gewesen, dass die Leute sich in Projekten gemäß ihrer Affinitäten engagieren sollten und unsere Arbeit dabei sinnvoll, produktiv und angenehm sein sollte. Das ist der versteckte Nutzen der freiwilligen Vereinigung. Es ist arrogant zu glauben, dass alle Menschen in einer großen Organisation mit Hunderten oder Tausenden von Mitglieder identische Affinitäten und Ideale haben sollten. Es ist weiterhin arrogant zu glauben, dass eine Gruppe die andere(n) mittels Debatten und Diskussionen davon überzeugen sollte, dass genau ihr Programm sinnvoll, produktiv und geeignet für alle ist.

FREIHEIT, VERTRAUEN UND WAHRHAFTE SOLIDARITÄT

»Freiheit basiert auf gegenseitigem Vertrauen.«
– Sam Adams

Wenn wir eine wirklich befreite und freie Gesellschaft wollen, in der alle glücklich leben, dann müssen wir eine Gesellschaft mit Vertrauen erschaffen. Cops, Armeen, Gesetze, Regierungen, religiöse Autoritäten und andere Hierarchieformen sind ihrem Wesen nach auf Misstrauen aufgebaut. Übergeordnete Strukturen und Riesenbündnisse sind auch von diesem schädlichen Misstrauen bestimmt, das in der Gesellschaft so weit verbreitet ist. Innerhalb der Tradition der Linken sehen große Organisationen aufgrund ihrer Masse oder ihrer Mission es heutzutage als ihr Recht an, die Entscheidungen und Aktionen ihrer Mitglieder zu bestimmen. Für viele AktivistInnen fördert dieses Gefühl, etwas Größeres als sie selbst zu sein oder zu etwas Größerem zu gehören, die Ergebenheit gegenüber der Organisation. Das sind die gleichen Prinzipien, die auch Nationalismus und Patriotismus begünstigen. Anstatt in Initiativen und Gruppen zu arbeiten, die wir selbst erschaffen haben und die ihre Basis in unseren Communities haben, arbeiten wir für eine größere Organisation mit verwässerten Zielen – in der Hoffnung, dass wir andere überzeugen, sich uns anzuschließen. Das ist die Falle der Parteien, der Organisationen mit den 3-Buchstaben-Namen und der Riesenbündnisse.

In großen Gruppen wird Macht oft zentralisiert und von FunktionärInnen oder kleinen Arbeitsgruppen kontrolliert. Sie wird verteilt, so wie es in jeder bürokratischen Organisation gemacht wird. Tatsächlich wird ein Großteil der Energie der Gruppe zum Schutz der Macht vor anderen gebraucht. In für AnarchistInnen attraktiven Gruppen wie den Anti-Globalisierungsgruppen oder pazifistischen Bündnissen wird die Machtzentralisierung oft bestimmten hochkarätigen Arbeitsgruppen wie der Mediengruppe oder den taktischen Gruppen übertragen, obwohl andere Teilgruppen, z.B. die für Unterkünfte, Verpflegung, Medizinische Versorgung und Rechtshilfe, normalerweise bessere Arbeit leisten. Von außen mag es zwar anders aussehen, aber in solchen Organisationen fördern übergeordnete Strukturen ein Klima, in dem kleine Minderheiten einen unverhältnismäßig große Macht über andere haben.

Als AnarchistInnen lehnen wir von Natur aus alle Formen zentralisierter Macht und Machtanhäufung ab. Wir sollten kritisch gegenüber allen Forderungen nach der Vereinheitlichung unserer Affinitäten und Leidenschaften für das übergeordnete Wohl der Organisation oder abstrakten Prinzipien wie dem ausgelutschten Begriff ›Einheit‹ sein. Wir sollten unser Recht

if i can't dance to it...
it's not my REVOLUTiON

auf Selbstbestimmung mit dem gleichen Maß an Entschlossenheit verteidigen, das diese Strukturen an den Tag legen, wenn sie uns dieses Rechts berauben wollen.

Gegenseitige Hilfe ist seit jeher das Leitprinzip für die Zusammenarbeit von AnarchistInnen. Das Paradoxe daran ist, dass wir unsere Autonomie nur wahren können, wenn wir anderen zutrauen, unabhängig zu sein. Übergeordnete Strukturen arbeiten nach einem entgegengesetzten Prinzip: Sie versuchen, das Recht auf Selbstbestimmung und auf eine Arbeitsweise, die auf Affinität basiert, einzuschränken, um im Gegenzug unsere arroganten Phantasien zu stimulieren und Machtspielchen zu spielen. Dezentralisierung ist nicht nur die Basis für Selbstbestimmung, der Inbegriff für Freiheit, sondern auch für Vertrauen. Für wahrhaftige Freiheit müssen wir anderen erlauben, dass sie – genauso wie wir auch – ihre Arbeit auf der Basis ihrer eigenen Vorstellungen und ihrer eigenen Fähigkeiten angehen. Wir können ihnen nichts vorenthalten oder sie dazu drängen, unsere Programme und Maßstäbe zu akzeptieren. Die Erfolge, die wir auf der Straße und in unseren lokalen Communities erreichen, beruhen fast immer auf der Zusammenarbeit verschiedener Gruppen. Dies geschieht nicht etwa, weil sie dazu gedrängt oder überredet werden oder sich dazu verpflichtet fühlen, sondern aus ernsthafter gegenseitiger Hilfe und wahrhaftiger Solidarität.

Wir sollten weiterhin andere dazu animieren, ihre Arbeit mit uns zu koordinieren. In anarchistischen Communities sollten wir dabei einander als Gleichgestellte begegnen, um selbst zu entscheiden, mit wem wir Affinity Groups oder Kollektive bilden. In Übereinstimmung mit diesem Prinzip sollte auch jede Affinity Group frei darüber entscheiden können, mit welchen Gruppen sie zusammenarbeiten will. Diese Bündnisse können eine Woche oder über Jahre hinweg halten, auf Einzelaktionen oder nachhaltige und langwierige Kampagnen ausgelegt sein und von zwei oder zweihundert Gruppen geformt werden. Das wirkliche Problem entsteht, wenn statt der eigentlich angestrebten und zu erledigenden Arbeit die größere Organisation im Mittelpunkt steht. Natürlich sollten wir zusammenarbeiten, allerdings nur als gleichberechtigte PartnerInnen und ohne jeglichen äußeren Einfluss einer Macht, die die Richtung oder die Art unserer Arbeit bestimmen will – sei es Staat, Gott oder ein Bündnis. Gegenseitiges Vertrauen erlaubt uns, mit gegenseitiger Hilfe freizügig zu agieren. Vertrauen ermöglicht Beziehungen in Situationen, in denen Bürokratie, formale Prozeduren und lange Meetings nichts als Zersplitterung und Entfremdung hervorrufen. Wenn wir mit anderen zusammenarbeiten, können wir es uns erlauben, freizügig mit unseren begrenzten Energievorräten und Ressourcen umzugehen, denn diese Beziehungen sind freiwillig und basieren auf dem Prinzip der Gleichheit. Keine Gruppe sollte ihre Affinitäten, ihr Recht auf Selbstbestimmung oder ihre Leidenschaften für eine Zusammenarbeit mit anderen opfern. Genauso vorsichtig wie bei der Frage, wer denn in unseren Affinity Groups mitarbeiten soll, sollten wir auch sein, wenn es um die Frage geht, mit welchen Gruppen Bündnisse geschlossen werden. Besonders wichtig ist dabei die Frage nach dem gegenseitigen Vertrauen.

Wir können und sollten mit anderen Gruppen und Kollektiven zusammenarbeiten, aber nur auf der Grundlage von Selbstbestimmung und Vertrauen. Es ist unlogisch und auch nicht erstrebenswert zu verlangen, dass eine bestimmte Gruppe mit allen Entscheidungen aller anderen Gruppen übereinstimmen muss. Bei Demonstrationen ist dieser Grundsatz die Basis des so genannten Prinzips der Mannigfaltigkeit der Protestformen. Es ist verrückt, wenn AnarchistInnen diese Mannigfaltigkeit auf der Straße verlangen und dann durch Rufe nach Einheit in große Bündnisse getrieben werden. Kann das nicht besser laufen? Glücklicherweise ja.

RADIKALE DEZENTRALISIERUNG: EIN NEUANFANG

Unsere Arbeit sollte also nicht in großen Superbündnissen und übergeordneten Strukturen beginnen, sondern in kleinen Affinity Groups, mit unseren FreundInnen. Innerhalb unserer Communities hilft die radikale Dezentralisierung von Arbeit, Projekten und Verantwortlichkeit uns als AnarchistInnen dabei, für die Dinge zu arbeiten und zu kämpfen, die am besten zu unseren jeweiligen Fähigkeiten und Interessen passen. Wir lehnen ineffektive und tyrannische übergeordnete Strukturen ab. Sie sind nicht die einzigen Mittel, um etwas zu Stande zu bringen. Wir können Sachen auf die Reihe kriegen und dabei existierende Affinity Groups und Kollektive stärken und unterstützen. Warum gehen wir nicht im gleichen Maße kritisch mit den großen Förderationen, Bündnissen und übergeordneten Strukturen um, wie wir es mit Staat, Religion, Bürokratie und Konzernen tun? Es ist klar, dass es nicht die eine Strategie gibt, die allen anderen gegenüber bevorzugt werden sollte, und unsere Erfolge in letzter Zeit haben bewiesen, dass wir nicht Teil einer riesigen Organisation sein müssen, um Sachen zu Stande zu bringen. Nehmt euch die Tausenden DIY-Projekte der ganzen Welt zu Herzen, die außerhalb dieser Strukturen arbeiten und funktionieren. Wir können uns als gleichberechtigte PartnerInnen treffen, und da unsere Arbeit auf Leidenschaft und

Idealen basiert, finden wir andere, mit denen wir diese Ideale teilen und mit denen wir zusammenarbeiten können. Gemeinsam können wir unser Recht auf Selbstbestimmung beschützen und weiterhin für Freiheit, Vertrauen und wahre Solidarität kämpfen.

DIE DIY-METROPOLE

ANARCHISTISCHE STADTMODELLE

»Es mag recht romantisch sein, in sich nur langsam verändernden, ländlichen Umgebungen oder in unschuldigen und abgelegenen Provinzen nach den Heilmitteln für die gesellschaftlichen Leiden zu suchen – aber es ist reine Zeitverschwendung. Glaubt denn irgendwer wirklich, dass die Antworten auf die großen Fragen unserer Zeit aus homogenen Siedlungsformen kommen werden?« – Jane Jacobs

Sehr viele AnarchistInnen leben, wie mehr als die Hälfte der Weltbevölkerung, in Städten. Realistisch gesehen muss erkannt werden, dass viele AnarchistInnen sich in Städten organisieren, in Städten arbeiten, in Städten Liebe machen und Städte auch lieben. Trotzdem gibt es relativ wenige wirklich analytische Untersuchungen darüber, wie eine antiautoritäre Stadt aussehen (wenn so etwas überhaupt möglich ist) und wie sie funktionieren würde. Viele AnarchistInnen glauben, dass Städte von Natur aus einen hierarchischen Charakter besitzen und deshalb komplett als Alternative gestrichen werden müssen. Gleichzeitig denken sie aber nicht über das Problem nach, Milliarden von Menschen ohne hierarchische Zwangsmaßnahmen umzusiedeln oder welche Auswirkungen diese massive Maßnahme auf die ländlichen Gebiete hätte.

Andere, wie Murray Bookchin und die AnhängerInnen seines Modells des libertären Kommunalismus, glauben, dass auf mittelalterlichen Städte basierende Siedlungen – oder noch schlimmer; Modelle ähnlich den Sklavenhalter-Städten des alten Griechenlands – eine optimale Siedlungsform für AnarchistInnen wären. Dieses Konzept der kleinen Gemeinden wurde bereits einige Male in der Geschichte der anarchistischen Philosophie be- und überarbeitet. Die VerfechterInnen dieser Kleinstadtmodelle wollen die Größe und das Wesen einer Stadt kontrollieren, um einen Puppenhaus-ähnlichen urbanen Raum mit eigenständigen Sektoren und fein aufgegliederten Teilbereichen zu erschaffen. Ähnliche Ideen wurden bereits durch Ebenzer Howard in den England Garden Cities oder auch erst vor kurzem im New-Urbanism-Modell in die Praxis umgesetzt. Diese Versuche mündeten typischerweise in sterilen, abgetrennten, homogenen, pseudo-urbanen Siedlungen, wie Celebration, Florida und Kentlands, Maryland.

KritikerInnen dieser Modelle (also der Modelle der PrimitivistInnen, Bookchins, Charles Fouriers usw.) haben oft Recht mit ihren Bedenken, sind aber gleichzeitig nicht in der Lage zu ergründen, warum mehr als die Hälfte der Weltbevölkerung sich in urbanen Räumen ansiedelt. Sie sehen nicht das dynamische Leben in einer Stadt und das chaotische Wesen einer urbanen Existenz, welches nicht nur Probleme mit sich bringt, sondern auch neue Erlebnisformen schafft. Sie übersehen die Möglichkeiten, das Aufregende und die Freiheit eines Lebens in der Stadt. Selbst wenn einige AnarchistInnen die Stadt bereits abgeschrieben haben, hat es die Hälfte der Weltbevölkerung noch nicht getan.

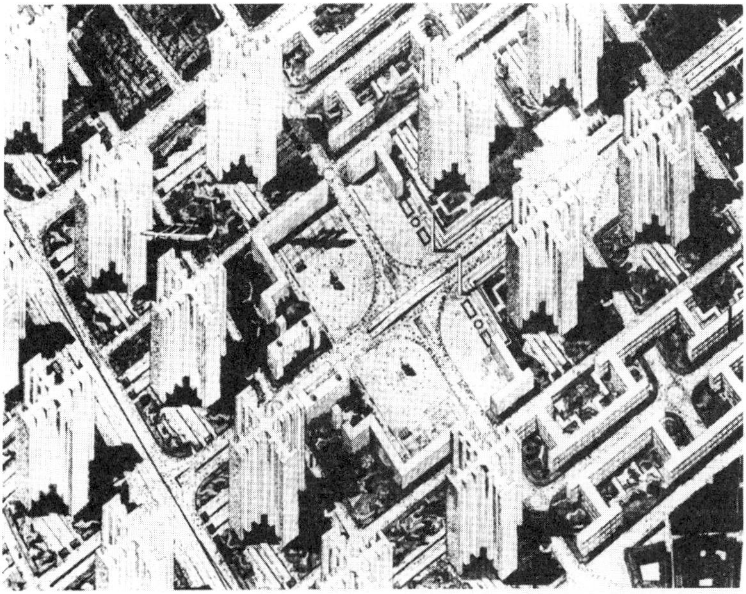

In den letzten zwei Jahrhunderten wurden die Diskussionen über die Zukunft der Städte von Fachleuten dominiert, die die Stadt implizit hassen. Eine ganze Reihe von urbanen und politischen TheoretikerInnen (aus allen Ecken des politischen Spektrums) haben die Stadt neu konzipiert, indem sie sie neutralisiert haben. Le Corbusiers Visionen einer sauberen, von Krankheit befreiten, perfekt geordneten urbanen Umgebung – Lenins Traum einer industriellen, genossenschaftlichen Metropole, in der die ArbeiterInnen in Kommunen direkt neben ihren Arbeitsplätzen in einer eintönigen und funktionalistischen Umgebung leben – und die Pläne Hitlers und Albert Speers, aus Berlin eine ethnisch gesäuberte und ›obrigkeitshörige Hauptstadt‹ zu machen… sind sicherlich nicht dasselbe, aber die Unterschiede sind nicht so groß, wie anzunehmen wäre. Der Mann, der Washington D.C. plante – Pierre Charles L'Enfant –, sagte, dass das Design der Hauptstadt mit derartig regulären Strukturen gut auf dem Papier aussähe, aber in der Praxis nur »ermüdend und langweilig« wirken würde. Sogar die anarchistischen ReformerInnen des 19. Jahrhunderts, wie Charles Fourier, waren Kontrollfreaks, selbst wenn sie ein paar witzige Ideen hatten: In der Fourierist City sollte es je Männer und Frauen (1.620 insgesamt) geben, die in Uniformen mit Federbüschen und Schulterstücken herumlaufen, die er selbst entwerfen würde, um die verschiedenen Leidenschaften und Neigungen zu kennzeichnen. Die utopische Städteplanung wurde als Antrieb für den sozialen Wandel angesehen. Die Theorie war, durch die Veränderung der physischen Gegebenheiten einer nicht-perfekten Sache – wie einer Stadt – perfekte Menschen schaffen zu können. Ihre Theorien haben einige der großartigsten Städte dieser Welt in Albträume aus Beton verwandelt. Sie weigern sich, das Problem der Macht anzusprechen. Es ist nicht möglich, allein etwas zu planen oder zu designen, ohne dabei die Machtverhältnisse zu berücksichtigen: Hierarchische Autorität und architektonische Autorität sind ein und dasselbe. Beides sollte Städte-liebende AnarchistInnen und AnarchistInnen-liebende StädterInnen anwidern.

Es wurde sehr wenig Brauchbares von AnarchistInnen über Alternativen zur Hierarchie der Städte geschrieben. Es gibt einige Bücher und eine Handvoll guter Artikel von nordamerikanischen und europäischen HausbesetzerInnen, aber das ist nicht ausreichend. Wir glauben, dass es mehr anarchistische urbane Modelle gibt und dass sie, ob innovativ oder bereits getestet, schon jetzt an unerwarteten Plätzen existieren. Es handelt sich um die Baracken an den Rändern unserer größten und dynamischsten urbanen Zentren.

Die Stadt ist bereits auf nicht-hierarchischen Wegen neu strukturiert worden und zwar nicht von Hunderten von Städteplane rInnen, politischen TheoretikerInnen oder einer Handvoll HausbesetzerInnen, sondern von Millionen von ganz normalen Männern und Frauen auf der Südhalbkugel. Durch Not und Verlangen katalysiert, erwuchs eine Do-It-Yourself-Ethik in den weltweit größten und zugleich ärmsten Metropolen. Die BewohnerInnen dieser Barackenstädte, auch Favelas oder Borgate genannt, gehören zu einer der weltweit am schnellsten wachsenden Bevölkerungsgruppen. Ein Bericht der Vereinten Nationen über Siedlungsformen erklärte 1986, dass der Prozentsatz der BewohnerInnen großer Städte in Entwicklungsländern, die in solchen informellen Siedlungen leben, 1/3 bis die Hälfte der gesamten Stadtbevölkerung ausmacht. Es gibt vieles zu lernen von diesen organisch gewachsenen und organisierten Modellen urbanen Lebens.

Es ist richtig, dass diese ca. 1 Milliarde Menschen, die in informellen Siedlungen leben, von einer Reihe lebensbedrohlicher Probleme umgeben sind, wie z.B. untragbaren hygienischen Zuständen, einer miserablen Gesundheitsversorgung und schlechter Ernährung. Sie haben keinen Zugang zu grundlegenden Ressourcen. Die meisten dieser Probleme sind Folgen der schrecklichen Armut, die durch die neoliberale Politik der Industrieländer hervorgerufen wird. Trotz dieser nahezu unüberwindbaren wirtschaftlichen und politischen Hindernisse arbeiten mehr und mehr Menschen freiwillig daran, die Städte dieser Welt neu zu strukturieren. Was aber noch beeindruckender ist, ist der Fakt, dass sie dabei nach vielen Prinzipien arbeiten, die die AnarchistInnen propagieren: freiwillige Assoziation, Dezentralisation, Nachhaltigkeit, direkte Demokratie, gegenseitige Hilfe, Tauschhandel und DIY-Ethik. Das alles haben sie umgesetzt, während sie sich von einer organisch-spontanen und chaotischen Entwicklung umgeben sahen. An vielen Orten hat dies zu einem effektiven politischen Aktivismus geführt und aktiven Widerstand gegen die Macht von Staat und Kapitalismus hervorgebracht.

Unsere Informationen beziehen wir aus vielen verschiedenen Quellen: Berichten von NGOs, AnthropologInnen, StädteplanerInnen, politischen AktivistInnen, unseren eigenen Besuchen dieser Orte und vor allem von den Leuten in den Barackensiedlungen selbst. Der Mythos, dass diese Siedlungen überfüllte, gefährliche und verkommende Orte sind, in denen die Menschen nicht besser als zusammengepferchte Tiere in Käfigen leben, stimmt nicht mit den Erfahrungen der ForscherInnen und der Leute in diesen Siedlungen selbst überein. Lasst uns tief in die Straßen der Favelas eintauchen und diese DIY-Kultur betrachten: Wir werden einen anderen Weg sehen, wie die Stadt gestaltet werden kann... einen Weg, der wie Anarchie aussieht.

FREIWILLIGE ASSOZIATION

Der hartnäckigste Mythos über diese Elendssiedlungen besagt, dass ihre BewohnerInnen auf Grund wirtschaftlicher Not gezwungen sind, in ihnen zu leben. Es ist sicherlich wahr, dass viele Familien in der Hoffnung, ihre wirtschaftliche Situation zu verbessern, in diese Siedlungen ziehen, aber für viele ist dies nicht der einzige und vor allem nicht der vorrangige Grund. AnthropologInnen haben in Limas größten Borgatas herausgefunden, dass viele Menschen in diesen Siedlungen leben, weil sie nach einem Ausweg aus der Langeweile und der Eintönigkeit ihrer kleinen Dörfer suchten und ihre kulturell und sozial sehr limitierte Situation in den Dörfern der Hochebene ändern wollten. Ähnliche Ergebnisse wurden aus Barackensiedlungen in Ghana berichtet; hier bot das Leben in diesen Siedlungen eine Fluchtmöglichkeit vor arrangierten Hochzeiten, schlechter Bildung und den limitierten beruflichen Chancen des Hinterlandes. Die Roma in Bulgarien zogen aus ländlichen Gegenden in die Barackensiedlungen der großen Städte, um den oft gewalttätig geäußerten provinziellen Vorurteilen ihrer NachbarInnen auf dem Lande zu entfliehen. Oder wie es eine Hausbesetzerin in einer Barackensiedlung außerhalb von Hongkong ausdrückte: »Es gibt einfach mehr Freiheit in der Stadt. Ich kann ich selbst sein.«

Die Menschen ziehen nicht ausschließlich aus wirtschaftlichen Gründen in die Stadt, sondern weil es wirkliche Freiheit bedeutet, in der Stadt zu leben, und dem Individuum die Möglichkeit gibt, sich selbst neu zu entdecken und zu erschaffen. In großen Städten gibt es oft eine kulturelle Toleranz, die in dieser Form in kleinen Städten, auf dem Land oder in den Vorstädten nicht existiert. Manche kommen in großen Städten in großen Gruppen zusammen, um sich selbst zu schützen. Andere stürzen sich wegen ihrer wirtschaftlichen Lage oder den Bildungsmöglichkeiten in die Dichte der Stadt. Anzunehmen, dass die BewohnerInnen von Barackensiedlungen passive Opfer eines wirtschaftlichen Drucks sind, wäre eine Simplifizierung des Phänomens und in den meisten Fällen auch einfach falsch. Die BewohnerInnen dieser Siedlungen sind meist aktiv Handelnde, die sich entschlossen haben, das ländliche Hinterland aus verschiedenen Gründen zu verlassen, und die sich in informellen Siedlungen zusammenfinden, um eine bessere Welt zu erschaffen.

DEZENTRALISATION

Es gibt viele Aspekte der Dezentralisation in diesen informellen Siedlungen. Die grundlegende urbane Infrastruktur wie auch die Dienstleistungen sind dezentralisiert. Dies ist zwar zweifelsohne ein Resultat des Ausschlusses dieser Siedlungen von zentralisierten Dienstleistungen, hat aber auch andere Gründe: begrenzte Ressourcen, Selbstorganisation, kleine Abnahmemengen und das Verlangen nach direkter Beteiligung und Kontrolle. Trotz ihrer wenigen Ressourcen sind viele dieser dezentralisierten Dienstleistungen effektiver, als die zentralisierten Modelle.

Zum Beispiel ist die gemeinschaftliche Benutzung von Mini-Vans in Süd-Istanbul sehr populär. Diese Vans fahren regelmäßiger und sind sicherer, als ihre zentralisierten und kommerziellen Gegenstücke. Dezentralisierte Brunnenbauprojekte in bolivianischen Barackensiedlungen haben sich als dermaßen erfolgreich bei der Wasserversorgung der BewohnerInnen erwiesen, dass sogar die hohen Herren und Damen der Vereinten Nationen und deren PlanerInnen sich dazu entschlossen haben, diese Modelle und ihre Übertragbarkeit auf andere arme Regionen zu untersuchen.

Sogar Bildung und Kinderpflege sind oft dezentralisiert organisiert. In Lima wird dezentralisierte Bildung durch WanderlehrerInnen angeboten, die von einer kleinen Gemeindeschule zur nächsten ziehen, und das manchmal bis zu viermal täglich. Diese LehrerInnen knüpfen Beziehungen mit verschiedenen Schulen und stimmen eine Vergütung ihrer Leistungen mit ihnen ab. Es ist nicht untypisch für kleine Schulen, dass pro Tag vier oder fünf verschiedene LehrerInnen mit einem beachtlichen universitären Ausbildungsstand und großem Erfahrungsschatz Unterricht geben. Ohne diese Organisationsform wäre es für eine einzige kleine Schule unmöglich, festangestellte MitarbeiterInnen dieses Formats zu bekommen. Die Kinderpflege in den Barackensiedlungen, in denen viele Mütter arbeiten, ist auch dezentralisiert. Männer, Frauen, ältere Geschwister, Alte und behinderte Menschen, die nicht arbeiten, übernehmen die Aufgabe der Kinderpflege für die arbeitenden Eltern. Dies ermöglicht den Kindern, ein größeres soziales Netz aufzubauen, als es in traditionellen westlichen Kindertagesstätten der Fall ist. Ein Forscher der Cooperative Housing Foundation fand heraus, dass Kinder einer Barackensiedlung in der Nähe von Bogota feste Beziehungen zu mehr als 25 verschiedenen nicht-familiären Erwachsenen in einer Woche aufgebaut hatten, was nur durch dieses System der rotierenden Kindertagespflege ermöglicht wurde.

NACHHALTIGKEIT

Wenn Politniks, UN-VertreterInnen oder andere SpezialistenInnen über Bevölkerung und Städtewachstum sprechen, beziehen sie sich meist auf den Horror der permanent wachsenden Barackensiedlungen in Entwicklungsländern. Diese so genannten ExpertInnen haben es geschafft, den informellen Siedlungen das Image eines instabilen, explodierenden Höllenlochs zu verpassen, das unaufhaltsam auf seine eigene Vernichtung zurast. Obwohl das Leben in diesen Siedlungen voller Entbehrungen ist, stimmt es nicht, dass sie instabil und unhaltbar sind oder kurz vor der Explosion stehen. Es gibt zwar Siedlungen, die über Nacht entstanden sind, oder welche, die nur einen vorrübergehenden Charakter haben, dies trifft jedoch sicherlich nicht auf alle zu. Informelle Siedlungen wie die in Rio de Janeiro oder Mexiko-City verlieren immer mehr ihren provisorischen Charakter. Viele von ihnen gibt es schon sehr lange – in Brasilien schon seit Jahrhunderten –, und sie haben durchgehalten, trotz Armut, Bevölkerungswachstum und staatlicher Repressionen. Das Wesen der informellen Siedlungen hat sich von zeitlich begrenzten und provisorischen Projekten in Richtung permanenter und nachhaltiger Communities gewandelt.

Obwohl sich die meisten Barackensiedlungen in unwirtlichen Gegenden befinden, die sich für Menschen nicht sonderlich gut zum leben und wohnen eignen (Deponiegelände, Schutthalden, Erosionszonen, Überschwemmungsgebiete und giftige Müllhalden), haben sie durchgehalten. An vielen Orten haben es die BewohnerInnen sogar geschafft, ihre Umwelt zu verbessern und somit eine lebenswertere Community zu bilden. In der Türkei haben die BewohnerInnen von Barackensiedlungen die umliegende Landschaft vor Erosion geschützt, indem sie gemeinschaftlich Olivenbäume angebaut und gepflegt haben. Diese Bäume waren auf Grund ihres tief reichenden Wurzelsystems weitaus mehr zum Erosionsschutz geeignet, als die Betoninstallationen der Stadtregierung. In zwei der größten und politisch aktivsten Barackensiedlungen in Mexiko-City entwickelten die BewohnerInnen gemeinsam mit StudentInnen der nahe gelegenen Universität eine innovative Methode zum Schutz des abnehmenden Grüngürtels der Stadt. Die Bewegung Ecología Productiva argumentierte, dass der bedrohte Grüngürtel von Mexiko-City in ein gut funktionierendes Naturschutzgebiet mit großem Artenreichtum umgewandelt werden könne. Dies sollte mit Hilfe dezentralisierter und kreativer Ansätze aus den Barackensiedlungen heraus geschehen, um den AnwohnerInnen neue wirtschaftliche Möglichkeiten zu eröffnen. Das Konzept unterstützte die Nutzung nachhaltiger Energien (wie etwa solarbetriebene Außentoiletten, welche organische Abfälle in sehr gefragte Düngerarten verwandeln) und die kommunale Verwaltung der natürlichen Ressourcen. Wie nicht anders zu erwarten, zermalmten die lokalen Behörden dieses Konzept. Unberührt von den Anfeindungen durch die Regierungen, sind diese Ideen jedoch mit großen Anfangserfolgen in anderen südamerikanischen und afrikanischen Ländern umgesetzt worden.

Im Allgemeinen weisen informelle Siedlungen keine überflüssigen Gebäude, übertrieben große Wohnflächen oder exzessive Verzierungen auf – Totalrecycling ist eben ein Weg zum Überleben. Neueste Studien in Mexiko-City und Hongkong zeigen, dass BarackensiedlungsbewohnerInnen nur 0,5% der durchschnittlichen Müllmenge von StadtbewohnerInnen produzieren. Außerdem besitzen die meisten großen Städte in Entwicklungsländern keine Recyclingprogramme, und somit spielen die BewohnerInnen der Barackensiedlungen eine wichtige Rolle beim Recyceln und Reduzieren der durch die Metropolen produzierten Müllmengen. Weil öffentliche Räume und Wohngebäude gleichermaßen auf vielfältige Weise genutzt werden können, bleibt nichts ungenutzt: Obwohl die Barackensiedlungen sehr dicht bebaut sind, gibt es in ihnen oft mehr öffentliche Räume als in der so genannten ›entwickelten Welt‹. An ihrem Beispiel wird deutlich, wie Räume, die für private und öffentliche Veranstaltungen gleichermaßen genutzt werden können, von allen Bevölkerungsteilen eingefordert wurden.

DIREKTE DEMOKRATIE

Die BewohnerInnen dieser Siedlungen werden politisch marginalisiert und sind oft Opfer staatlicher Repression. Die Wahlbeteiligung ist in solchen Gegenden eher gering, aber die BewohnerInnen machen das durch kreative Graswurzelaktionen wieder wett. Barackensiedlungen sind seit jeher die Laboratorien für räumliche und soziale Organisationsformen und politische Experimente. Die erfolgreichsten Barackensiedlungen sind diejenigen, die sich für direkte Demokratie in den verschiedensten Formen einsetzen. Diese Erfolge reichen von Schulbauprojekten bis hin zur Schaffung von Zugängen zu öffentlichen Versorgungsbetrieben.

Für die praktische Umsetzung dieser direkten Demokratie in den Barackensiedlungen benötigen die EinwohnerInnen Informationen über das politische Geschehen. Die BewohnerInnen sind in dieser Hinsicht sehr innovativ. So gibt es zum Beispiel in fast jeder mexikanischen Barackensiedlung einen DIY-Newsletter, obwohl die AnalphabetInnenrate sehr hoch ist. Diese Newsletter werden in der Öffentlichkeit laut vorgelesen. Eine Barackensiedlung außerhalb von Katmandu bringt regelmäßig ein Comicbuch heraus, in dem die momentane politische Situation in ihrer Community und ihrem Land dargestellt wird.

Die Barackensiedlungsbewohner Innen haben verschiedene Taktiken angewendet, um ihre politischen Ziele zu erreichen. Die Bewegung Ecología Productiva aus Mexiko-City zum Beispiel hat große Aufmärsche organisiert und ist Bündnisse mit StudentInnen, UmweltschützerInnen und internationalen Non-Profit-Organisationen eingegangen, um Druck auf die Regierung auszuüben und ihren Kampf für mehr Autonomie und das Anrecht auf ihre Häuser voranzutreiben. Informelle Siedlungen außerhalb Hongkongs haben Regierungsgebäude besetzt, um sich Zugang zu den notwendigsten Dienstleistungen wie Wasser, Strom etc. zu verschaffen. Die EinwohnerInnen einer Barackensiedlung in Katmandu sammelten all ihren Müll und kippten ihn auf einen zentralen Marktplatz, um so die Regierung zur Einführung eines Abfallentsorgungssystems in ihrer Community zu zwingen. All diese Aktionen wurden ohne die Hilfe formeller repräsentativer Organisationen durchgeführt. In Mexiko-City führte der Versuch, eine solche repräsentative Organisation aufzubauen, zum Niedergang der Bewegung Ecología Productiva und der teilnehmenden informellen Siedlungen. Was in Mexiko-City passierte, wiederholte sich in US-amerikanischen Communities. Bei dem Versuch ›legal‹ zu werden, um zum Beispiel Dokumente für unsere Squats oder eine Erlaubnis für einen Aufmarsch zu bekommen, laufen wir Gefahr, die gleichen fatalen Fehler zu begehen, wie die Squatters von Mexiko-City.

GEGENSEITIGE HILFE

Einer der augenscheinlichsten Aspekte der Barackensiedlungen ist die erschütternde Armut. Diese Siedlungen besitzen nur sehr wenige eigene Ressourcen, und ihr Zugang zu den Reichtümern der Stadt ist sehr begrenzt und meist von ausbeuterischer Natur. Diese Situation brachte viele BewohnerInnen dazu, eine Reihe alternativer Wirtschaftsmodelle zu entwickeln und umzusetzen, um ihr Überleben zu sichern. In fast jeder Barackensiedlung und jedem ärmeren Innenstadtviertel müssen die Leute klauen oder schnorren, aber dies sind nicht die Hauptwege, auf denen die EinwohnerInnen sich ihre Ressourcen beschaffen.

Gegenseitige Hilfe ist ein wichtiger Faktor in jeder funktionierenden Barackensiedlung, und dadurch unterscheiden sie sich auch von vielen öden Innenstadtvierteln. Vom Hausbau über Werkzeugverleih und der Arbeit in gemeinschaftlichen Gärten bis hin zu Mitfahrgelegenheiten zur Arbeit werden die Bedürfnisse durch gegenseitige Hilfe befriedigt. Das Verschenken von Sachen ist ein weiterer wichtiger Faktor. Ein Anthropologe, der 5 Jahre in einer Siedlung in Ghana verbrachte, schätze, dass 1/3 aller Ressourcen verschenkt wurden. Das bloße Weggeben von Sachen ist ein wichtiger Weg, um Freundschaften zu erhalten und aufzufrischen und neue soziale Netzwerke aufzubauen. Es ist auch dazu geeignet, ein Sicherheitsnetz für die aufzubauen, die nicht arbeiten können. Rotierende Kredite und zinsfreie Darlehen sind auch eine weit verbreitete Praktik in Barackensiedlungen. Zinsfrei Schulden machen zu können, ist für die EinwohnerInnen dieser Siedlungen ein wichtiges Mittel, um gegen die Unsicherheit ihrer Arbeitsplätze ankämpfen zu können. Große Summen werden oft durch ein Lotteriesystem beschafft. Familien und Einzelpersonen packen Geld in eine Gemeinschaftskasse, die jeden Monat einer anderen Person gegeben wird. Dies ermöglicht dieser Person, größere Anschaffungen zu machen, Vorräte anzulegen oder ein Geschäft aufzumachen.

Die Anhäufung von Besitz ist nicht sehr hoch angesehen in den Barackensiedlungen, auch ist sie nicht sonderlich praktisch – Besitz ergibt sich durch Benutzung oder Besetzung. Es ist sicherer, deine Ressourcen zu teilen und weiterzugeben, um so dein soziales Netz zu erweitern, als Besitz anzuhäufen. AnarchistInnen können von dieser Freizügigkeit noch eine Menge für Konferenzen, Demonstrationen oder sonstige Treffen lernen.

SOZIALE UND RÄUMLICHE ORGANISATION

»Die Straße ist der Fluss des Lebens«

In informellen Siedlungen hängt die Organisation und die Einrichtung von Räumen direkt davon ab, wie die EinwohnerInnen sozial organisiert sind. Deutlich wird dies auch in der Art, wie Häuser arrangiert und verbunden sind, wie breit die Straßen sind und in welche Richtung sie verlaufen und wie und wo öffentliche Räume erschaffen werden. Diese Art der Organisation basiert auf Affinität, auf einer solidarischen Verbundenheit, die durch vielerlei Kräfte gefördert werden kann: geographische Bedingungen, familiäre Beziehungen und Bündnisse, Freundschaften, berufliche Verbindungen und politische sowie kulturelle Zusammenschlüsse.

Affinität fördert also eine Betonung der Nachbarschaft als Ganzes. Im Gegensatz zu den traditionellen BewohnerInnen einer westlichen Stadt werden hier erhebliche Ressourcen und viel Zeit aufgewendet, um soziale Verbindungen aufrecht zu erhalten und zu stärken. In den Barackensiedlungen Ghanas wird ein Großteil der wirtschaftlichen Ressourcen einer Familie für Gemeinschaftsaktivitäten ausgegeben, wie zum Beispiel für Festtage, Hochzeiten, Partys und religiöse Feiern. In Lima verbringen die Männer den halben Tag in großen Gruppen mit der Pflege ihrer sozialen Kontakte und Limas Frauen verbringen sogar noch mehr Zeit damit. Die Kinder in fast allen informellen Siedlungen verbringen einen Großteil ihrer Tageszeit in großen Gruppen, die gleichermaßen aus Erwachsenen und Kindern bestehen.

Das soziale Umfeld zu pflegen und auszubauen ist der Schlüssel zum physischen, politischen und wirtschaftlichen Überleben in Barackensiedlungen. Weil die BewohnerInnen dieser Siedlungen oft in ihnen gegenüber feindlich eingestellten Umgebungen arbeiten und auch viele Vorurteile existieren, brauchen sie ein derartiges Netz, um sich vor Angriffen Außenstehender zu verteidigen und sich z. B. in ihren Siedlungen gegen Übergriffe durch Polizei, Armee, Paramilitärs und andere Regierungseinheiten zu schützen. Soziale Netzwerke haben die notwendige Kraft, um temporäre Bündnisse verschiedener Squatters zusammenzuhalten, politische Kampagnen in großem Maßstab zu starten und diese Bündnisse widerstandsfähig gegen die Absorbierung einzelner Teile und die entzweienden Kräfte der Herrschenden zu machen. Diese Allianzen sind ebenso effektiv, wenn es darum geht, kontraproduktive Kräfte innerhalb der Siedlung zu kontrollieren. Der Gebrauch von mündlicher Informationsweitergabe, das Meiden bestimmter Personen und andere soziale Kontrollmechanismen begrenzen die destruktive Kraft der kontraproduktiven Elemente in einer eng zusammenarbeitenden Nachbarschaft.

Einzelpersonen sind abhängig von einem komplexen und breiten Netz wirtschaftlicher Beziehungen. Diese Netze werden durch Freundschaft und andere soziale Gefüge erweitert und verstärkt. Es wäre zum Beispiel für eine einzelne Familie unmöglich, ohne die Hilfe sozialer Netzwerke die Materialien und die notwendige menschliche Arbeitskraft für den Bau einer adäquaten Behausung aufzubringen. Sogar Bildung, Gesundheitsvorsorge und grundlegende Dienstleistungen sind von informellen sozialen Beziehungen abhängig.

Das permanente Verlangen des Menschen nach Gesellschaft beeinflusst natürlich auch die Art und Weise, in der Räume genutzt werden. Informelle Siedlungen betonen öffentliche Räume, oft indem sie diese neu definieren. Die Grenzen zwischen privaten und öffentlichen Räumen, die von vielen StädteplanerInnen so geliebt werden, verschwimmen und existieren teilweise nicht in derartigen Siedlungen. Die meisten Räume werden vielseitig verwendet – eine Straße kann zur gleichen Zeit als Fußballplatz, als Marktplatz, zum Flanieren, als ein Ort der Geselligkeit und als Transportweg genutzt werden. Eine private Wohnung ist nicht ein Lebensraum für eine einzelne Person, sondern kann auch ein kleiner Laden, ein Kindergarten und ein Versammlungsort für die Community sein. Außerdem wird der Raum nicht in derselben Weise aufgeteilt, wie dies in westlichen Kulturen der Fall ist. Im Verlaufe eines Tages kann derselbe Raum als Schlafzimmer, als Esszimmer, als Kinderzimmer, als Arbeitsplatz oder als Versammlungszimmer genutzt werden

– manchmal sogar als all das zusammen. All dies verstärkt die zwischenmenschlichen Beziehungen in diesen Communities.

Diese Prinzipien des sozialen bzw. zwischenmenschlichen Umgangs können auch auf unsere Infoläden, unsere Treffen und autonomen Zonen übertragen werden. Wir müssen allerdings Willens sein, uns die Zeit und den Raum für eine sinnvolle Gestaltung dieses Bereichs zu nehmen.

DIY-ARCHITEKTUR

Die DIY-Ethik ist mehr als nur eine Strategie, um mit limitierten Mitteln arbeiten zu können. Sie besitzt eine Reihe wichtiger Vorteile gegenüber kommerziellen und professionellen Unternehmen. DIY schafft eine größere Beteiligung des Individuums, als es die gewöhnlichen Konsumenten-Produzenten-Beziehungen professioneller Unternehmen erlauben. Es ermöglicht den Individuen außerdem, ihre Projekte an ihre Bedürfnisse und Fähigkeiten anzupassen, weil es bei DIY um das Teilen und den Austausch von Fähigkeiten und nicht um deren Abkapseln und Anhäufen geht, wie es bei den meisten ExpertInnen und Fachleuten der Fall ist. Gemeinsame Arbeit, die nicht die Prinzipien kapitalistischer Verwertungslogik zur Grundlage hat, schafft feste und wertvolle Beziehungen unter den Beteiligten. Gemeinschaftliche Projekte wie der Scheunenbau sind seit jeher sehr wichtig für die Beziehung der Beteiligten untereinander. Die DIY-Ethik betont das Ursprüngliche: Fähigkeiten, Ressourcen und das Wohl der Beteiligten. Das wahrscheinlich Wichtigste ist allerdings, dass sie die Individuen bestärkt und einen ehrlichen und gemeinschaftlichen Beitrag zur Community bedeutet. Derartige Projekte blühen in jeder Barackensiedlung – angefangen bei komplizierten Sanitäranlagen bis zu einfachen Fußballfeldern. Die verbreitetsten Projekte sind allerdings immer mit Architektur verbunden: Hausbau und der Aufbau anderer Strukturen. In der kapitalistischen Welt ist die Hegemonie der ArchitektInnen, der Bauaufsicht, der IngeneurInnen und anderer Fachleute so allgegenwärtig, dass es kaum vorstellbar ist, dass Menschen ihre eigenen Behausungen aufbauen. Diese Fachleute haben es geschafft, die Tatsache zu vertuschen, dass bis zum letzten Jahrhundert die meisten Behausungen DIY-Häuser waren. Wenn sich überhaupt etwas geändert hat, dann sollte es jetzt eher einfacher geworden sein, mittels neuer Technologien und Ressourcen haltbare DIY-Behausungen aufzubauen. Und so ist es auch... die Barackensiedlungen beweisen es.

Die DIY-Architektur der Barackensiedlungen ist von Natur aus ökologisch – sie respektiert die natürlichen Gegebenheiten des Terrains. Dieser ökologische Charakter zeigt sich in der Art und Weise, wie die Umgebung behandelt wird: Normalerweise gibt es keine großen Aushebungen, auch eine Zerstörung von Bergen oder Tälern findet nicht statt.

Bei den meisten Gebäuden dieser Siedlungen folgt die Form der Funktionalität unabhängig von den zur Verfügung stehenden Ressourcen. Informelle Strukturen haben nichts von der befremdenden Monotonie oder dem menschenunwürdigen Ausmaß moderner Architektur. Selbst den ärmsten DIY-Strukturen fehlt es nicht an Ornamenten und Dekoration; sie spiegeln nicht nur die Ressourcen, sondern auch den Charakter und den Geschmack der BewohnerInnen wider.

Entgegen der vorherrschenden Meinung muss informelle Architektur nicht unbedingt roh oder abstoßend sein. Große Teile der Barackensiedlungen sind mit festen Materialien wie Ziegelsteinen, Beton und Stuck erbaut worden und stehen so in der Tradition klassischer Bautechniken und Dekorationsstile. Das Recyceln von Materialien ist genauso üblich wie das Teilen und Austauschen von Materialien, Werkzeugen und Fähigkeiten. Die meisten Häuser in diesen Siedlungen sind niemals wirklich fertig, ihre Bauformen sind sehr flexibel und Räume werden permanent je nach Bedarf hinzugefügt. Die Erbauung eines Hauses ist ein langdauernder Prozess, ein nie endendes Projekt.

Der Gebrauch informeller Strukturen basiert meist auf Notwendigkeit. Die BewohnerInnen einer solchen Siedlung besitzen eine Struktur, wenn sie sie besetzen und Arbeit sowie Energie investieren, um sie zu verbessern – ähnlich wie bei Squats in westlichen Ländern. In den meisten Barackenstädten gibt es keine leeren oder ungenutzten Häuser: Wenn eine Familie auszieht, zieht eine andere ein.

»Die Stadtluft macht dich frei«
– Spruch aus dem Mittelalter

Wir behaupten nicht, dass diese Communities perfekt sind oder dass sie alle anarchistischen Aspekte aufweisen. Wir sind lediglich der Ansicht, dass diese Communities Modelle entwickelt haben, nach denen wir die Städte neu ordnen und zurückerobern können, und zwar ohne unsere anarchistischen Ideale aufzugeben. Diese Siedlungen sind ein enormes soziales Experiment, das immer weiter läuft. Es handelt sich bei ihnen um einen Test der Effektivität von freiwilliger Assoziation, Dezentralisation, Nachhaltigkeit, Direktdemokratie, gegenseitiger Hilfe und der DIY-Ethik unter schwierigsten urbanen Bedingungen. Wenn sie es dort schaffen, dann können wir es auch hier schaffen!

Erkennen wir die Attraktivität von Städten für unsere Vorstellungskraft und unser Verlangen nach Freiheit und Gemeinschaft an – mehr noch, feiern wir diese Attraktivität! Das Letzte, was wir wollen, ist, es unseren VorgängerInnen gleich zu tun: die Stadt zu regulieren und zu kontrollieren. Wir wollen nicht die in ihr gewachsenen Kräfte aushungern, noch sie ihrer Spontaneität berauben – wir wollen, dass die Stadt außer Kontrolle ist. Wir wollen nicht die Papierstädte der TheoretikerInnen erbauen, sondern beschwören jenes Stadtbild herauf, das schon Millionen anderen vorschwebte. Wir sind für einen informellen Ansatz bei Städten und Siedlungen: Die hochspezialisierten Fachleute müssen durch eine Community ersetzt werden, in der die Fähig- und Fertigkeiten nach Bedarf geteilt und eingesetzt werden. Wir ersetzen StädteplanerInnen und VermieterInnen durch kreative HandwerkerInnen und HausbesetzerInnen. Unsere Stadt basiert nicht auf Investitionen, Besitztum oder Kapital, sondern einfach auf Besetzung.

Wir wollen die Stadt befreien, sie nach den Bedürfnissen ihrer EinwohnerInnen formen und dies in Einklang mit dem sie umgebenden Ökosystem tun. Wir brauchen Städte, die lebendig sind und sich entwickeln – keine vorgefertigten Albträume aus Gittern, riesigen Stadtautobahnen und trostlosen Wohnvierteln. Wir lehnen die Aufteilung in Vorstädte, Apartmentkomplexe und dörfliche Bretterbuden ab und stehen für buntes Menschengewirr und komplexe anarchistische Communities. Wir müssen gegenüber uns selbst und gegenüber unseren NachbarInnen genug Vertrauen aufbringen, um zu erlauben, dass das Chaos in die Stadt zurückkehrt – dies wird neue, zu lösende Probleme mit sich bringen, aber auch neuartige Erfahrungen, die nirgendwo, außer in einer lebendigen Stadt, gemacht werden können.

KEINE STADT WIRD MEHR
VOR DER ANARCHIE SICHER SEIN!

DAS INEFFIZIENTE UTOPIA – ODER WIE KONSENS DIE WELT VERÄNDERN WIRD

Wieder und wieder in der Geschichte wurden AnarchistInnen kritisiert, verhaftet und getötet, weil sie von Mitreisenden auf der Straße zur Revolution als ineffizient gebrandmarkt wurden. Trotzky beschwerte sich gegenüber Lenin über die AnarchistInnen, die die Eisenbahn kontrollierten, mit den Worten: »Sie sind ineffiziente Teufel. Ihre Unpünktlichkeit wird noch unsere Revolution Scheitern lassen.« Lenin stimmte Trotzkys Beschwerden zu und ließ 1919 das von AnarchistInnen geführte Eisenbahnnetz Nord von der Roten Garde stürmen und die AnarchistInnen wurden »ihrer Ämter enthoben«. Der Vorwurf der Ineffizienz führte nicht nur – wie in diesem Fall – dazu, dass AnarchistInnen ihre Jobs verloren, sondern er diente den Herrschenden auch als Vorwand, um sie zu töten. Sogar heute noch werden die anarchistischen Prinzipien von der Linken als einfach nicht effizient genug verurteilt. Wir werden verspottet, weil wir lieber ein Haus besetzen oder ein großes Essen für die Hungrigen zubereiten, als politische Zeitungen zu verkaufen. Diese Kritik aus dem politischen Umfeld hatte bedenkliche Folgen. Neben diesen Attacken von außen haben viele AnarchistInnen angefangen, diese Kritik zu verinnerlichen und zu wiederholen. Um das Gespenst der Ineffizienz zu verjagen, das den Anarchismus angeblich so lange gebeutelt habe, versuchten einige sogar, FunktionärInnen, Förderationen und Wahlen zu etablieren.

Don't believe the hype.

Stattdessen solltet ihr euch lieber an dieser Ineffizient erfreuen und berechtigterweise die Idolverehrung und die automatisierte Fabrik der politischen Wende ablehnen. Effizienz ist das Kennzeichen des modernen Lebens in Nordamerika: von Fast

Food Drive-Ins zu gut durchstrukturierten Polizeistaaten. Effizienz ist das Markenzeichen solch seelenloser Organisationen wie dem IWF und der Agrarindustrie, die Schritt für Schritt die Erde zerstört. Das Verlangen, immer mehr in immer weniger Zeit zu schaffen, ist keine neutrale Kraft in dieser Gesellschaft, es ist vielmehr das Handwerkszeug der Fachleute, SpezialistInnen und FührerInnen.

Aber nicht alle sind dem Effizienzwahn verfallen. Es existiert etwas in der Peripherie: ein ineffizientes Utopia, eine Kultur des Konsens, der Kollektive und der DIY-Ethik. Es ist ein Ort, an dem Zeit nicht gekauft, verkauft oder geleast wird und an dem keine Uhr unseren wahren Wert bestimmt. Für viele Menschen in Nordamerika ist das eigentliche Problem neben der Armut die fehlende Zeit, um wirklich sinnvolle Dinge zu tun. Das ist nicht ein Symptom von persönlichem Versagen, sondern die Folge einer Zeit-fixierten Gesellschaft. Heutzutage entspringt der Wunsch nach Effizienz dem Modell der Knappheit, welches die Basis des Kapitalismus ist. Zeit gilt als ein Gut, das nur in begrenztem Maße vorhanden ist, weil wir in sinnlosen Jobs, Massen-Entertainment und – die bekannte Klage der AktivistInnen – langweiligen Meetings gefangen sind. Also lasst uns das Beste aus unserer Zeit machen!

In unserer Politik und unseren Projekten haben wir AnarchistInnen immer zurecht den eigentlichen Sinn im Weg und nicht im angestrebten Ziel gesucht. Ineffizienz bedeutet für uns die Möglichkeit, unsere Affinitäten zu ergründen und uns in sinnvolle Arbeit zu stürzen, ohne unsere Ideale unter dem Sand der

Sanduhr begraben lassen zu müssen. Entgegen den Aussagen von StudienberaterInnen und maschinell korrigierten Examen, braucht es einige Zeit, um herauszufinden, was du wirklich mit deinem Leben anfangen willst.

Im effizienten Albtraum Nordamerika gilt die Maxime ›Time is Money‹. Trotzdem ist nie genug Zeit oder Geld für das da, was wir wirklich brauchen. Unsere Communities legen großen Wert auf den Austausch von Fähigkeiten und Wissen durch DIY-Workshops, Aus- und Weiterbildungen, Treffen und Konferenzen. Im Gegensatz zu unternehmerischen oder akademischen Modellen verlangt der auf der DIY-Ethik basierende Austausch von Fähigkeiten zum Teil langwierige Treffen, bei denen sich einzigartige Beziehungen ergeben, die auf Freundschaft und gegenseitigem Vertrauen basieren. Im Streben nach Effizienz werden bedeutsame Beziehungen wie diese allerdings durch Professionalisierung und der Abhängigkeit von SpezialistInnen ersetzt. Brauchen wir wirklich professionelle LeiterInnen, die unsere Meetings organisieren? Professionalisierte Beziehungen lassen alle beteiligten Parteien, im Gegensatz zum Austausch von Fähig- und Fertigkeiten, mit einem Gefühl der Kälte und der Unvollkommenheit zurück; egal, ob es bei der Transaktion um eine Autoreparatur oder eine lebenswichtige Gesundheitsdienstleistung geht. Die KonsumentInnen ebenso wie die SpezialistInnen bringen sich selbst um die Möglichkeit, neue Sachen zu lernen und sich mit neuen Menschen anzufreunden. Oft sind die SpezialistInnen in ihrer Routine gefangen und tun selten, was sie eigentlich gern tun würden.

Genauso ergeht es den KonsumentInnen, die ihre Autonomie verlieren, weil sich die Beziehungen auf effiziente Geldtauschgeschäfte reduzieren. Die entfremdeten KonsumentInnen agieren gegen ihre eigenen Interessen, denn sie wissen sehr wenig darüber, wem das bezahlte Geld wirklich zugute kommt. Wahrscheinlich legen sie ihr Geld bei einer Bank an, die es an GrundstücksmaklerInnen verleiht, welche wiederum die Mieten in ihrem Viertel erhöhen und es so zerstören. Sehr oft wiederholen wir diese kapitalistischen Interaktionen innerhalb unserer Widerstandsgruppen und unserer Communities und geben unsere Zeit und unser Geld an Organisationen, über die wir fast gar nichts wissen. Ein Mitglied der Schurken der Curious George Brigade wurde kürzlich von einer freiwilligen Helferin auf einer riesigen Anti-Kriegs-Demo um eine Spende gebeten. Die Spendensammlerin trottete tatsächlich mit einem Müllsack voller Geld mitten durch die Demo, und als sie gefragt wurde, wo denn dieser Riesensack Geld landen würde, erwiderte sie schulterzuckend: »Weißt du, um ehrlich zu sein, weiß ich es nicht. Ich befolge nur Anweisungen.« Es erübrigt sich wohl zu erwähnen, dass wir unser Geld lieber auf das Rechtshilfekonto der Demo gespendet haben. Sowohl in unseren politischen Aktivitäten wie auch im sonstigen Leben sollten wir wissen, mit wem wir zusammenarbeiten, weil ansonsten freiwillige Assoziation nur ein Slogan bleibt. Natürlich braucht dies Zeit.

Ineffizienz nagt am ideologischen Fundament moderner kapitalistischer Staaten. ArbeiterInnen wissen zum Beispiel, dass politisch motivierte Ineffizienz (z.B. langsames Arbeiten) ein wichtiges Mittel im Machtkampf am Arbeitsplatz ist. Nun stellen wir uns mal eine Ausweitung dieses langsamen Arbeitens auf die politischen Prozesse und die restlichen Facetten der Gesellschaft vor. Politische Ineffizienz kann ein nützliches Mittel sein, um autoritäre Tendenzen in größeren Gruppen festzustellen. So kann zum Beispiel auf einem unpersönlichen und geschäftsmäßigen Treffen ein durch die VeranstalterInnen vorgefertigter Aktionsplan abgelehnt und Zeit und Raum zur Diskussion alternativer Vorschläge verlangt werden. Viel zu oft schon wurden AktivistInnen in schlecht ausgearbeitete und kurzsichtige Pläne von kleinen Gruppen und selbsternannten FührerInnen gepresst. Es ist absolut notwendig, vorgefertigte Politikansätze genauso abzulehnen, wie wir auch vorgefertigtes Essen ablehnen und uns eher für ein selbstgekochtes Essen mit FreundInnen entscheiden.

POLITISCHE INEFFIZIENZ

Konsensbasierte Entscheidungen mögen vielleicht mehr Zeit beanspruchen als Entscheidungen durch Wahlen – aber selbst Wahlen sind lange nicht so effizient, wie Totalitarismus. Das wenige, was an Effizienz gewonnen wird, verlieren wir an wahrhafter Beteiligung und Selbstbestimmung. Im Kern verlangt der Konsens eine Beteiligung der gesamten Community. In einer Umgebung gegenseitigen Vertrauens ist Konsens eines der wenigen Modelle zur Entscheidungsfindung, das Autorität wirklich ablehnt und gleichzeitig das Selbstbestimmungsrecht Einzelner und kleiner Gruppen beschützt. Wenn der Konsens funktioniert, sind alle daran beteiligt und alle Interessen werden berücksichtigt. Und obwohl es keine magische Formel für die Organisierung eines guten Meetings oder erfolgreiche soziale Interaktion gibt, sollten wir keinesfalls unsere Ideale und unsere Politik für eine falsche Einheit aufgeben.

»Eines der ineffizientesten Utopias, das ich je gesehen habe, war ein bescheidenes Zapatistadorf in den Bergen Südmexikos. Ich mache wirklich keinen Spaß, wenn ich euch sage, dass das ganze Dorf sich hinsetzt und mitunter tagelang über eine Entscheidung diskutiert. Alle bekommen die Chance, gehört zu werden und selbst zuzuhören, und an einigen Fragen sitzen sie Ewigkeiten, aber alle bringen einander sehr viel Respekt und Geduld entgegen. Und die Sachen werden tatsächlich erledigt. Es ist, als ob sich Zeit auf einmal vom Ticken einer Uhr in etwas verwandelt, was sich um die normalen Menschen dreht, etwas, das ihnen zur Verfügung steht.

Mexikanische LandarbeiterInnen – unter der konstanten Bedrohung, von der Regierung ausradiert zu werden – nehmen sich

selbst die Zeit, alles nach dem Konsensprinzip zu entscheiden. Es ist nicht sonderlich ungewöhnlich für sie, dass Probleme und Themen so lange diskutiert werden, bis alle einer Entscheidung zustimmen können. Ich hoffe, in einer Gesellschaft leben zu können, in der wir uns gegenseitig zeigen können, dass wir alle wichtig sind. Anstatt in den USA nur Meetings zu veranstalten, auf denen Tausende TeilnehmerInnen anwesend sind, können wir diesen Prozess in kleinen Gruppen von FreundInnen wiederholen. Beim Konsens geht es nicht um ein 2-Stunden-Meeting, bei dem schon alles vorher entschieden ist. Es ist die Zeit, die mit der Diskussion und dem Verständnis von wirklich wichtigen Fragen verbracht wird. Es ist ein taktisches Werkzeug für den Aufbau von Netzwerken, die stärker als all das sind, was uns hierarchische Systeme jemals bieten könnten. Mit genügend Zeit werden wir in ›Dörfern‹ von Hunderten oder sogar Tausenden etwas erreichen. Das Ergebnis ist ein Konsens, der nicht danach trachtet, Uniformität durchzusetzen, sondern Bündnisse zu fördern und zu schaffen, in welchen die Unterschiedlichkeit ihrer einzelnen Komponenten aufblüht. Ich kann dabei nur an die vielfältigen Möglichkeiten denken...«

– Regina de Bray,
anarchistische Abenteurerin und
professionelle Amateurin.

Wir sprechen immer darüber, dass wir die Vielfalt in unseren Gruppen erhalten müssen, aber was ist eigentlich mit unserer politischen und taktischen Vielfalt? Wenn die Stimme der Minderheiten, der Splittergruppen oder der Individuen im Namen der Effizienz geopfert wird, dann geht unser politischer Horizont zu Grunde. Wenn Menschen marginalisiert werden, dann verlieren wir alle. Verwechselt niemals Effizienz mit Effektivität.

INEFFIZIENTE ORGANISATION

Affinity Groups haben die Eigenart, weniger effizient als Armeen, hierarchische Organisationen und andere Organisationsmodelle auf Massenbasis zu sein. Durch ihre Struktur wird die Meinung eines/einer jeden Einzelnen ernst genommen. Das ist ein weitaus ineffizienteres Organisationsprinzip als das einer Partei, deren FührerInnen einseitig Entscheidungen fällen. Was den Affinity Groups an Effizienz, Größe und Aufbietung von Ressourcen fehlt, das machen sie durch direkte Beteiligung, einzigartige Erfahrungen und Solidarität mehr als wieder wett. Die Dinosaurier der Linken erzählen uns, dass wir Armeen aufbieten, die Macht der Regierung beschneiden und vor allem dem Staat ähneln müssen, um zu gewinnen. Warum sollten wir aber dem Staat zugestehen, die Bedingungen unseres Widerstandes festzulegen? AnarchistInnen können weitaus flexiblere Strategien anbieten. Unsere Netzwerke lassen glücklicherweise eine präzise Plattform von Prinzipien und nicht enden wollenden Meetings vermissen. Stattdessen gibt es bei uns unregelmäßige Treffen, Rendezvous für spezielle Projekte, eine Vielfältigkeit an Fertig- und Fähigkeiten, solide Freundschaften und unbegrenzte Ambitionen, die keineswegs durch organisatorische Hierarchien eingeschränkt werden. Mittels dieser Netzwerke des Vertrauens können die Menschen sich auch bei den gewagtesten Aktionen gut fühlen und dabei die Geborgenheit und Wärme empfinden und empfangen, die sie brauchen, um weiter zu machen. Das mag kein Dauerzustand sein, denn diese Modelle überleben selten die Zeit ihrer Nutzbarkeit, wie es Parteien und andere effiziente Organisationen tun, die in die Irrelevanz trotten.

Wir müssen nicht jede Eventualität vorherplanen und auf übermenschliche Weise effizient zu sein versuchen. AnarchistInnen nehmen aufeinander und auf ihre FreundInnen Rücksicht. Es kommt zum Beispiel eine Handvoll Bands zusammen und spielt ein Benefizkonzert für eine streikende Betriebsbelegschaft vor Ort, und sie ziehen weiter, nachdem das Geld an jene gegeben wurde, die es nötig haben. Diese Beziehungen können für beide Seiten von Vorteil sein, weil dieselben MusikerInnen vielleicht nächste Woche die Hilfe der Streikenden bei der Verteidigung ihres Squats brauchen. Das steht im krassen Widerspruch zu vielen Organisationen, die nur ihre monatlichen Beiträge einsammeln, selbige in Kriegskassen vergraben und auf den richtigen Zeitpunkt warten, sie auszugeben. Ineffiziente Organisationen ermöglichen es jedem Mitglied, sich im vollem Maße seiner Möglichkeiten in Kooperation mit anderen auszudrücken – eine Praxis, die in großen Gruppen nicht in dem Sinne existiert, weil dort die meisten Leute nur zu einem weiteren Gesicht in der Menge verkommen. Unsere Netzwerke brauchen keine Beamten oder Manifeste; sie brauchen noch nicht einmal notwendigerweise einen Namen. Kann ein solches Netzwerk eine ernsthafte Alternative zum bestehenden politischen System darstellen? Vor einigen Jahren schrieb der Lieblings-Think-Tank des US-Militärs, die RAND Corp., Folgendes über die unerlaubten und spontanen Elemente der N30-Demos in Seattle:

»AnarchistInnen waren durch den extrem geschickten Einsatz moderner Kommunikationsmittel, unter anderem Live-Internet Feeds, zu simultanen Aktionen in der Lage, die sehr komplexe Ausschwärm- und Konzentrationsmanöver einschlossen und durch ein Netzwerk führerloser Affinity Groups koordiniert wurden. Beispielhaft wurden die Herausforderungen für hierarchisch aufgebaute Organisationen sichtbar, wenn sie sich mit Netzwerken konfrontiert sehen, die weitaus schneller arbeitende Reaktionszyklen besitzen. Diese lose organisierte Koalition wandte Netzwerkorganisation und -taktiken an und war in der Lage, die Bemühungen der Polizei zunichte zu machen. Somit konnte die Polizei die Lage situativ nicht in ausreichendem Maße erfassen, um die scheinbar chaotischen Unruhen in Seattle zu bekämpfen.«

INEFFIZIENTE PROPAGANDA

Die Nachfrage nach qualitativ hochwertigen Erfahrungen ist ein wichtiges Propagandawerkzeug in einer Gesellschaft, die bedeutungslose Dinge in großen Mengen produziert: Es gibt eine Milliarde Fernsehkanäle und nichts Brauchbares ist darunter. Eine der dringlichsten Herausforderungen, mit denen wir uns konfrontiert sehen, ist die Transformation einer Gesellschaft passiver KonsumentInnen in Menschen, die aktive und kreative TeilnehmerInnen ihrer eigenen Zukunft sind.

Das Öffnen der Kommunikationskanäle ist der Schlüssel zum Aufbau der Anarchie. Graffiti, Zines, Piratensender, Subvertisments Veränderungen von Werbeflächen und Internetseiten mögen zwar nicht die großen Massen wie die Massenmedien erreichen, aber ihre Auswirkungen sind weitaus tief greifender für ProduzentIn und Publikum. Gleichermaßen nehmen immer mehr Leute die Möglichkeit wahr, selbst die Message zu kontrollieren, wodurch auch mehr Stimmen hörbar werden. Diese Dezentralisation von Message und Medium erschafft eine Kultur, in der es allen möglich ist, ohne Hemmungen Informationen zu vervielfältigen und zu erschaffen und ihre eigenen Nachrichten zu erzeugen. Die Unterscheidung von KonsumentIn und ProduzentIn verschwindet langsam mit der Möglichkeit, dass alle ihre Stimme hörbar machen können. Das ist auch das zentrale Konzept, das den Independent Media Centers zu Grunde liegt. Irgendwann bricht diese ganze Dichotomie von Konsumierenden und Produzierenden zusammen, weil die benötigten Fähig- und Fertigkeiten erlernt und ausgetauscht werden können. Eigentlich ist es auch weitaus beeindruckender, Tausende von verschiedenen Stimmen zu hören, die alle aus einer individuellen Perspektive ihre derzeitige Situation beschreiben, als die stets gleichen und von den OrganisatorInnen massenproduzierten Thema-der-Woche-Schilder auf jeder großen Demo zu erleben.

AnarchistInnen versuchen nicht nur ihr Publikum zu vergrößern, sondern streben auch eine größere Vielfalt hinsichtlich der Mittel und Menschen an, mit denen es möglich ist, an ein potentielles Publikum heranzutreten. Indem wir eine Propagandakultur erschaffen, die einzelnen Menschen ermöglicht, ihre Message zu übermitteln, wird unsere Kommunikation in gleichem Maße ehrlicher und komplexer. Die von kapitalistischer Werbung angewandten Tricks, die uns dazu bringen sollen, ein neues Produkt zu kaufen, können wir in eine Waffe zur Entlarvung dieses Systems verwandeln. Eine sexistische Werbetafel einer Bierfirma wird in ein Pro-Veganismus-Statement umgewandelt, was viele Vorbeifahrende sicher perplex machen wird. Propagandabücher werden bedeutsamer, wenn ihre Seiten herausgerissen, fotokopiert, gestohlen, neu interpretiert, veröffentlicht und weitergegeben werden.

TAKTISCHE INEFFIZIENZ

»Ihr seid eine Horde, die sich gegen jegliche Organisierung sträubt, und wir placken uns für den Sieg ab« – das ist eine Kritik in der AktivistInnen-Community, die in letzter Zeit gegen jene gerichtet wurde, die einige Taktiken mit uns teilen. Nach Effizienz strebende AktivistInnen möchten uns Glauben machen, dass anarchistische Prinzipien für eine Idealwelt nach der glücklicherweise weit entfernten Revolution gut sind, aber momentan seien diese Prinzipien unpraktisch, egoistisch und gefährlich. Diese AktivistInnen marschieren selbstgefällig unter dem ausgeblichenen Banner politischer Disziplin und Effizienz. Das Ironische daran ist, dass gerade diese marschierenden Gruppen oftmals diejenigen sind, die auf der Straße am uneffektivsten agieren, wenn es um soziale und politische Veränderung geht. Nach mehr als 30 Jahren Herummarschiererei mit Schildern hat sich nicht wirklich viel am kapitalistischen und staatlichen Würgegriff geändert. Vielleicht ist es an der Zeit, etwas Neues auszuprobieren. Es wird sicherlich nicht einfach werden. Unsere Feinde sind vereint genug, um uns ernsthafte Hindernisse in den Weg zu legen. Sie verfügen über Armeen, Medien, Geld, Ressourcen, Gefängnisse, Religionen und zahllose andere Mittel, um jegliche revolutionäre Veränderung zu unterbinden, die ihre momentane Machtposition gefährden könnte. Unsere ineffizienten Modelle sind dabei die sinnvollste Art, unsere Möglichkeiten zu maximieren. Das Konsensmodell erlaubt es uns, die Ideen aller TeilnehmerInnen zu nutzen. Es lohnt sich durchaus sicherzustellen, dass unsere Projekte die größtmöglichen Erfolgsaussichten haben, indem wir jeder Meinung Gehör schenken und sie alle ernst nehmen. Wir werden all unsere Fähig- und Fertigkeiten, Ressourcen und Kreativität brauchen, um ihnen zu widerstehen und unsere Leben und die Gesellschaft neu zu erschaffen.

Nur wenn sich die Menschen in einer Gruppe geschätzt und sicher fühlen und ihr vertrauen, werden sie sich die Zeit nehmen, auch unpopuläre Ansichten und Vorschläge vorzubringen, die das Ergebnis eines Projektes bestimmen werden. Verantwortung sollte auf Freundschaft und Selbstbestimmung basieren und nicht auf einem sklavenhaften Befolgen von Anweisungen einer Führerperson, eines Parteiprogramms oder abstrakten Dogmen. Jedes Mitglied einer Affinity Group ist gegenüber seinen vertrautesten GenossInnen über seine/ihre Aktionen, Worte und Taten verantwortlich. Wir lehnen das in effizienten Gruppen weit verbreitete Spiel der Schuldzuschieberei und der Bezichtigungen ab. Wenn jede Person die vollkommene Verantwortung für ihre Aktionen akzeptiert, kann niemand außer ihr selbst Schuld am etwaigen Misslingen haben. Lasst uns alle gegenüber uns selbst Rechenschaft ablegen, so werden wir mit unseren Fehlern wachsen und von ihnen lernen und uns über unsere Erfolge umso mehr freuen. Es braucht Zeit, Menschen zu verstehen, Freundschaften und Vertrauen aufzubauen. Es ist naiv zu glauben, dass wir durch das Ausrufen von Parteiprogrammen oder gemeinsamen Programmpunkten Vertrauen und Solidarität bei Fremden aufbauen könnten. Politik sollte nicht an eine abstrakte zeitliche Richtlinie gebunden sein, die von einem/einer FührerIn oder muffigen Büchern vorgegeben wird, sondern einzig und allein unseren eigenen Bedürfnissen unterliegen. Fordert die Zeit, um nachzudenken, um feste Beziehungen aufzubauen und die Reise zu genießen. Um eine Chance auf Erfolg zu haben, müssen wir uns untereinander mehr lieben, als unserE FeindIn uns hasst. Mit diesem Ziel vor Augen ist Ineffizienz unsere Waffe.

DAS HIER IST FOLK-ANARCHY!

Über was für eine Art von Anarchie haben wir eigentlich gesprochen? Was verbindet diese Anarchie der Meutereien und der Metropolen, die sich heute schon das nimmt, was der Morgen niemals bringen wird? Es ist Folk-Anarchy; eine Anarchie erschaffen für und von gewöhnlichen Menschen, die ungewöhnliche Leben führen. Die Folk-Anarchy fordert die komplette Weltrevolution, und im Schatten der Dinosaurier ist sie fleißig dabei, schon heute eine neue Welt aufzubauen. Es geht darum, den Leuten zu zeigen, dass sie in der Lage sind, alles Mögliche zu erschaffen – das ist unser Ziel, unsere Verschwörung und unsere Aufgabe.

FOLK-ANARCHY VS. FALSCHE ANARCHIE

Folk-Anarchy ist mehr als ein Traum. Es ist ein Weg, um zu beschreiben, was wir bereits heute tun: wie unsere Projekte und unsere Leidenschaften zusammenpassen... mit all ihren Fehlern. Es ist nicht einfach nur eine weitere ideologische Splittergruppe, die sich zu sehr mit Theorien beschäftigt, als dass sie sich für die Anarchie einsetzen könnte. Es ist eher ein sich entwickelnder Ansatz, der beschreibt, was unsere Communities bereits erschaffen haben. Selbst unsere kleinsten Siege sind weitaus bedeutender, als die Dinosaurier – und manchmal auch wir selbst – sie einschätzen. Wir begannen dieses Buch mit einer brutalen Anklage der Dinosaurier und all derer, die durch die Dinosaurier verschreckt wurden und sie nun nachäffen – eigentlich wäre es aber weitaus sinnvoller, uns auf das zu konzentrieren, was die Anarchie ermöglicht. Im Endeffekt sind die Dinosaurier verloren: Ihre Kriegsmaschinerie hat eine todbringende Wolke über die Zukunft der Menschheit gehängt, und ihre industrielle Infrastruktur könnte unser Ökosystem noch zu unseren Lebzeiten zerstören. Trotz einer Welle der Verzweiflung stellt Folk-Anarchy ein Beispiel der Hoffnung für die Welt dar, die bei genauerer Betrachtung doch noch nicht verloren sein mag.

Dieser Anarchieansatz stützt sich auf mehrere Basispfeiler und dreht sich um gewöhnliche Menschen (ganz im Gegensatz zu diversen Spinnereien über ›Das Volk‹). Einige KritikerInnen mögen nun voreilig anmerken, dass der Nationalsozialismus sich des Volksbegriffes stark bedient hat. Wie auch immer, wir meinen Folk/Volk wie in Woodie Guthries »Folk Music« oder Zora Neal Hurstons »Folk Tales« und nicht im Sinne der Nazis (Volkswagen usw.). Faschismus gründet sich auf eine Zentralisierung der Macht, strebt nach Hierarchie und verlangt ethnische oder ideologische Reinheit. Aus diesen offensichtlichen Gründen handelt es sich bei der Folk-Anarchy um das genaue Gegenteil von Faschismus. Es geht ihr um den Aufbau dezentraler Netzwerke, um die engagierte Verteidigung unseres Rechts auf Selbstbestimmung und um das Miteinander und die Vielfältigkeit der Individuen und ihrer Ideen. Wir verweigern uns gegenüber der Vorstellung, dass sich die einfachen Menschen nicht ihr eigenes Leben von den FaschistInnen vergangener und zukünftiger Tage zurücknehmen können. Wir glauben an diese Idee, weil sie heutzutage bedeutsam und inspirierend ist. In einer Welt, in der Worte so sinnlos sein können, ist Anarchie ein Wort, für das es sich zu kämpfen lohnt.

Folk-Anarchy ist keine neue Art von Anarchie. Es handelt sich nicht um eine der üblichen Zusammensetzungen wie bei Ökoanarchismus oder Anarchokommunismus. Folk-Anarchy verwehrt sich gegen jede Art von Orthodoxie, auch gegen Anarcho-Orthodoxie. Es handelt sich bei ihr nicht um eine Absplitterung oder Rebellion gegenüber einer anderen anarchistischen Richtung. Sie legt sich auf keine bestimmte Farbe am anarchistischen Regenbogen fest, sondern umfasst das gesamte Spektrum. Diese lebendige Anarchie basiert auf einem Netz von Praktiken, das überall dorthin strebt, wo die Dinosaurier keine Kontrolle ausüben. Folk-Anarchy treibt unterschiedliche Blüten in Favelas und Farmen, in Squats und auf Demos. Es ist möglich, einen Folk-Ansatz zur Anarchie zu entwickeln und andere Orientierungen beizubehalten. Es ist dabei egal, ob es sich um spezifische, neue Konzepte wie »Tranarchy« handelt oder Chucko's Begriff der »Big Tent«-Anarchy. Folk beschreibt dabei die teilnehmenden Individuen (in derselben Art, wie der Begriff der Folk Art verwandt wird) und nicht ihre spezifischen Ideologien. Die einzigen Ansätze, die ausgeschlossen werden, sind diejenigen, die in Autoritarismus, Professionalismus und Elitarismus abgleiten.

Es gibt keine einzelne »Folk-Anarchy« und hoffentlich wird es die auch niemals geben. In dem Moment, indem Anarchie zu einem Anarchismus mit Großbuchstaben A (ähnlich der Parteikürzel) verkommt und damit all die erforderlichen Parteiprogramme aufweist und den engstirnigen historischen Ballast mit sich herumschleppt, verwandelt sie sich von einer Tätigkeit der einfachen Menschen in eine weitere abgestumpfte Ideologie, die auf dem Marktplatz zum Verkauf angeboten wird.

KULTUR ALS EINE HERAUSFORDERUNG

Kultur kann absorbiert und vereinnahmt werden, bei Folk-Ansätzen zur Anarchie ist dies nicht möglich. Wenn etwas vereinnahmt oder besessen wird oder durch Unternehmen produziert wird, verlässt es die Hände der gewöhnlichen Menschen und geht verloren. Eine Straßenverkäuferin kann dir einen Aufnäher mit einem Anarchie-A verkaufen oder ein Buchladen mag dir ein Buch über anarchistische Theorie verkaufen (wir haben dir sogar dieses Buch hier verkauft!), aber niemand kann dir je das Erlebnis verkaufen, wie es ist, Anarchie wirklich zu leben. Du musst es selbst tun. Der Kapitalismus kann dir zwar ein Computerspiel verkaufen, bei dem es um Riots geht, aber sie können dir nicht das Gefühl verkaufen, wie es ist, mit einem solidarischen Herzen für andere Menschen durch die Straßen zu laufen. Die HändlerInnen der Gefühle können dir zwar einen neuen romantischen Roman verkaufen, aber nicht die zärtliche Umarmung eines/einer neuen LiebhaberIn. Wir werden uns nie mit Bildern, Theorien, Manifesten, Internetseiten oder Büchern zufrieden geben. Verlangt das einzig Wahre: Anarchie für unsere Leben – und zwar hier und jetzt gleich!

Die Wege zu unserem Ziel sind sehr schwierig, aber die notwendigen Werkzeuge und die Verbündeten sind bereits vorhanden. Folk-Anarchy ist eine Kultur der Piraterie, die es uns ermöglicht, das Beste (besonders die wertvollen Erfahrungen der Vergangenheit) von jeder Ideologie zu stehlen, um sie kreativ in unsere gegenwärtigen Kämpfe einzubauen, sie zur Bereicherung unseres eigenen Erfahrungsschatzes und zur Verbesserung von unser aller Leben zu benutzen. Wir können einen wirklich revolutionären Aktivismus erschaffen, wenn wir den Mut aufbringen, uns über veraltete und auf Stereotypen basierende Modelle zur Community-Organisierung hinwegzusetzen. Des Weiteren müssen wir die Fetischisierung der Gewalt und andere Millionen Sackgassen hinter uns lassen. Bei der Verfolgung unseres Ziels, die Anarchie zu verbreiten, gibt es keinerlei Ausflüchte, egal wie bequem, für das Fehlen von kreativen Aktionen. Einige Menschen werden versuchen, uns mit dem Argument, dass momentan keine revolutionären Zeiten herrschen, von unserem Ziel abzubringen. Dabei gibt es so etwas wie revolutionäre Zeiten eigentlich gar nicht. Zeit kann

uns nicht beherrschen, wir erschaffen die Zeiten selbst, egal ob revolutionär oder nicht. Wenn wir uns von den Ketten der Routine und der Hierarchie befreien, dann sind es revolutionäre Zeiten.

Der Kapitalismus lehrt uns, dass wir nur kleine Datenpunkte sind: winzige Pünktchen auf demographischen Tafeln, geboren um jeden Tag zur Arbeit zu fahren, zu konsumieren und irgendwann zu sterben. Jede Faser unseres Körpers weiß, dass es über diesen deprimierenden Kreislauf hinaus noch etwas anderes geben muss – etwas, das uns ehrliche Beziehungen zu anderen Leuten ersehnen lässt. Anarchie ist nicht nur eine politische Strategie oder eine Ansammlung von Taktiken; Anarchie ist ein Netz von bewussten Verbindungen, das mittlerweile auch ganz bewusst globale Maßstäbe erreicht hat. Jede direkte Aktion und jede persönliche Solidaritätsbekundung von AnarchistInnen baut dieses Netz weiter aus und stärkt es. Wenn Leute aus Nordamerika nach Südafrika reisen und sich dort mit AnarchistInnen treffen, wächst dieses Netz weiter. Genau das gleiche passiert, wenn wir uns mit den Leuten treffen, die auf der anderen Straßenseite wohnen und möglicherweise noch nie was von Anarchie gehört haben, um mit ihnen ihre Probleme zu diskutieren. Genau diese Leute könnten uns auch ein paar wertvolle Tricks beibringen. Wie auch immer, könnte es nicht auch eine wertvolle revolutionäre Strategie sein, einfach unser Leben bis zum Äußersten und so intensiv wie möglich zu leben? Ist die Revolution es denn nicht wert, nicht nur für sie zu sterben, sondern auch für sie mit all unserer Kraft zu leben?

WIDERSTANDS-COMMUNITIES UND DIE REVOLUTION DES ALLTÄGLICHEN LEBENS

»Die alltäglichen Aktivitäten der Mitglieder eines Stammes reproduzieren den Stamm und erhalten ihn am Leben. Diese Reproduktion findet nicht nur auf physischer, sondern auch auf sozialer Ebene statt. Durch ihre täglichen Aktivitäten reproduzieren die Mitglieder nicht einfach nur eine Gruppe von Menschen, sondern sie reproduzieren einen Stamm, genauer gesagt eine bestimmte soziale Form, innerhalb welcher diese Gruppe Menschen spezifische Aktivitäten in einer spezifischen Art und Weise vollzieht. Die alltäglichen Aktivitäten von Sklaven reproduzieren Sklaverei. Wenn also das alltägliche Leben der KapitalistInnen den Kapitalismus reproduziert... was erschafft dann das alltägliche Leben von AnarchistInnen? Könnte es vielleicht Anarchie sein?«

– ein Soziologieprofessor aus Standford,
der zum ELF-Sprecher geworden ist.

Die Revolution des alltäglichen Lebens ist die Grundlage unserer Widerstands-Communities, und keine wirkliche Widerstandskommune kann ohne die Revolution des alltäglichen Lebens auskommen. Die logische Konsequenz daraus ist, dass, wenn es eine Revolution geben soll, sie eine persönliche Transformation der Individuen genauso bestärken muss wie die Transformation der revolutionären Communities.

Um diese hoch gesteckten Ziele zu erreichen, brauchen wir Menschen, die stark sind und sich weigern, für eine Ideologie oder persönlichen Profit zu sterben. Es braucht Menschen, die nicht nur das bestehende kapitalistische System und seine Institutionen zerstören, sondern die auch die Entstehung des nächsten Dinosauriers verhindern können. Es ist sehr leicht für potenzielle RevolutionärInnen, auf die Machtfalle hereinzufallen und sich nach einer Revolution als die FührerInnen und

PräsidentInnen eines neuen Regimes zu sehen. Vergangene Revolutionsversuche haben gezeigt, dass –ob misshandelnder Vater, unbedeutender Bürokrat einer obskuren kommunistischen Partei oder autoritärer Kommandant einer revolutionären Zelle – sie alle zu ausgewachsenen Diktatoren werden, sobald sie die Macht haben. Wir denken, dass das freiheitsliebende Individuum, das permanent die Macht herausfordert, indem es revolutionäre Situationen in allen Interaktionen schafft, weitaus wahrscheinlicher in der Lage ist, die Machtmaschinerie zu demontieren. Diese Individuen können aber nur bis zu einem bestimmten Grad etwas allein erreichen. Durch die Zusammenarbeit in einer Community wächst die Stärke jedes Individuums jedoch exponentiell an. Das anarchistische Individuum erlangt die Fähigkeit, Anarchie in die Praxis umzusetzen, indem es in dieser Art von Community lebt.

Diese Communities befinden sich genau deshalb im Widerstand, weil sie die Macht rekanalisieren, sie auf alle verteilen und dadurch internen und externen Zwängen, die eine Zentralisierung der Macht anstreben, widerstehen. Affinity Groups, dezentralisierte Netzwerke, Kollektive und das Konsensprinzip sind allesamt Werkzeuge der einfachen Menschen und werden in diesen Communities heute verwendet und auch in der Zukunft gebraucht werden. Es handelt sich bei ihnen nicht um bloße Mittel für ein Ziel, sondern sie selbst sind das Ziel. Die kritischen Geister werden diese Ansichten nun ›utopisch‹ nennen, denn nur weil AnarchistInnen so etwas bei ihren Treffen oder in Infoläden hinkriegen, heißt das noch lange nicht, dass sich auf denselben Prinzipien erfolgreiche Communities aufbauen lassen. Aber das Unmögliche existiert bereits überall in unserer Umgebung – um es zu sehen, müssten die kritischen Geister aber mal Fernseher und Computer abschalten. Angefangen bei indigenen Frauen in Chiapas, die ihre Communities verändern; über Punks, die gratis Essen im Tompkins Square Park verteilen, bis zu den BaumbesetzerInnen, die sich Geschichten in einem Baum-Camp in Cascadia erzählen,... wir sind umgeben von Folk-Anarchy. Es ist richtig, dass all diese Beispiele sehr unterschiedlichen Kontexten entstammen, aber wer sagt, dass wir nur ein einziges Utopia haben dürfen? Wenn wir erst einmal einen Punkt erreicht haben, von dem uns die ExpertInnen sagten, dass wir ihn nie erreichen würden, werden wir einfach zu einem Ort weiterziehen, der noch viel unwahrscheinlicher zu erreichen ist.

Bei Folk-Anarchy bleibt alles ehrlich und authentisch. Lasst uns diese Maxime aber nicht nur auf unsere Politik, sondern auch auf unsere Leben anwenden. Nach allem, was wir bis jetzt wissen, was kann noch utopischer sein, als auf eine Veränderung durch die nächsten Wahlen zu hoffen? Was ist utopischer, als Veränderungen von ein paar mehr Mitgliedern in der Föderation zu erwarten oder Veränderung ganz und gar von der Perfektion einer Theorie abhängig zu machen? Was hingegen ist realistischer, als die Revolution in unserem alltäglichen Leben anzustreben und sie durch Umsonstküchen und besetzte Häuser in die Praxis umzusetzen? Was ist realistischer, als mit Poesie die Herzen zu entzünden und dadurch die Flammen zu erzeugen, die wir brauchen, um ihre Banken niederzubrennen? Folk-Anarchy ist gleichermaßen utopisch und realistisch im besten Sinne beider Wörter. Alles ehrlich und authentisch zu halten, verhindert auch sinnloses Besserwisser-Gehabe und gehypte revolutionäre Angeberei. Beides sind Symptome eines Mangels an Gemeinschaft, in der alle ihre Ängste und ihre Hoffnungen in aufrichtiger Kommunikation ausdrücken können. Eine aufrichtige und ehrliche Kommunikation ist aber der Grundstein für unsere Communities und unser Leben.

Communities müssen sich nicht zeitlich und räumlich in einem abgegrenzten Raum befinden, um real oder sinnvoll zu sein. Umgekehrt leben auch viele Leute in einem Häuserblock und kennen sich nicht einmal. Communities können sich über große zeitliche und räumliche Distanzen erstrecken und trotzdem gut funktionieren. Denkt nur mal an die stetig wachsende Anzahl von Communities, die über das Internet gebildet wurden und deren Mitglieder sich wahrscheinlich niemals von Angesicht zu Angesicht sehen werden. Aber trotz all der zeitlichen und räumlichen Distanzen, die uns trennen, gibt es das

Bestreben, sich persönlich zu treffen. Folk-Anarchy entsteht, wenn sich Leute treffen und sich im selben Raum zur selben Zeit vereinen: sei es auf einem Sozialforum, Demonstrationen, Wohnungen, Konzerten oder auf Reisen. Communities werden durch das zusammengehalten, was sie gemein haben, und das sind nicht nur gemeinsame Parteiprogramme oder gemeinsame Ideale. Communities werden durch gemeinsame Erfahrungen und Erlebnisse, Blut und Schweiß, gemeinsam erlebte Liebe und Kämpfe zusammengehalten... oder aber sie werden nicht wirklich zusammengehalten.

Communities werden nicht einfach nur geboren, sondern sie sterben auch, und auch das ist eine Kraftquelle. An Modelle vergangener Zeiten gebunden zu sein, bedeutet, die eigene Vorstellungskraft zu strangulieren; aber wir brauchen all unsere Kreativität. Lasst uns diese revolutionären Communities auf der Basis unserer sich ständig verändernden und spezifi-

schen Lebenssituation bilden. Wir sollten keine Angst davor haben, unsere alten Communities zu verlassen. Andere werden sie übernehmen und sie zu den ihren machen, so wie wir sie von unseren VorgängerInnen geerbt haben. Wir sind wie Diebe in der Nacht: Wir nehmen das Beste von allem, was wir finden, und benutzen es, um unser Anliegen voranzutreiben, und ziehen dann weiter. Wir durchbrechen die Ketten der Vorstellungskraft. Anarchie ist nicht das Ende. Anarchie ist ein Anfang.

TOD DER REINHEIT! – LANG LEBEN HYBRIDEN UND MISCHFORMEN!

Mischformen, Mutanten, Hybriden – oder wie auch immer du sie nennen willst – überleben häufig selbst Situationen, in denen ihre ›reinrassigen‹ ArtgenossInnen sterben. Wie Dinosaurier auch sind die meisten ›reinrassigen‹ Kreaturen im Übermaß spezialisiert und verlieren so ihre Anpassungsfähigkeit. Das führt dazu, dass sie nicht überleben können, sobald sich ihre Umwelt schlagartig verändert. Die unendliche Suche nach theoretischer und praktischer Reinheit ist ermüdend und im Endeffekt auch aussichtslos. Auf jeder erbittert geführten Konferenz, in jedem hitzigem E-Mail-Austausch, in jeder kreischenden LeserInnenbrief-Salve in Anarchomagazinen wird deutlich, dass die IdeologInnen unter uns mehr und mehr zu einer Belastung werden. Einige von uns attackieren andere im Namen ihrer bevorzugten absoluten Sicht der Dinge mit einer Boshaftigkeit, die sie lieber für unsere UnterdrückerInnen aufsparen sollten. Zu oft überschattet dies die notwendigen Diskussionen über Taktiken und Strategien und

entwickelt sich zu einer Art Popularitätswettbewerb mit ideologischen Grabenkämpfen und Personenverherrlichungen, die wir doch so sehr in der Parteienpolitik und der traditionellen Linken verachten. Anstatt eine engstirnige Anarcho-Orthodoxie voranzutreiben, ist es Zeit, die Suche nach der Reinheit hinter uns zu lassen.

Trotz all der hartnäckigen Versuche verschiedener Gruppen, einen speziellen, homogenen, kohärenten Weg für die Anarcho-Community Nordamerikas zu finden, musste festgestellt werden: es gibt ihn nicht. Die Wege sind eben vielfältig, flexibel, dezentralisiert, chaotisch und anpassungsfähig. Die Verbreitung der Folk-Anarchy ist denkbar einfach: Soziale Beziehungen der Individuen sind die Basis für die Widerstandsnetzwerke der ideologischen Hybriden. Wenn jemand aus Virginia und jemand aus Kalifornien auf einer Konferenz in Florida zusammentreffen und zusammenarbeiten, zusammenspielen, sich verlieben und den Kontakt aufrechterhalten, und auch wenn sich ihre Wege trennen, dann erschaffen sie ein Netzwerk. Wenn sie sich besuchen und FreundInnen mitbringen, ihre Reisen koordinieren und sich gegenseitig auf ihrem Weg helfen, dann wird das einzige wirklich wichtige weltweite Netzwerk gebildet und gestärkt. Morgen schon können sie gemeinsam gegen Cops kämpfen, zusammen in Community-Gärten Pflanzen anbauen oder in Kollektiven arbeiten.

Diese Netzwerke entwickeln sich aus miteinander arbeitenden Individuen und mutieren dann relativ schnell zu Hybrid-Communities, die unser alltägliches Leben beeinflussen können. Die Bedeutung dieser realen und wechselseitigen Beziehungen zwischen lokalen, regionalen und globalen Kämpfen ist sehr deutlich von Gruppen wie den ZapatistInnen und anderen herausgestellt worden. Wenn wir bedenken, wie die globale Unterdrückung vernetzt wurde und zu welchen wahnsinnigen Schritten unsere Feinde bereit sind, um ihre Macht zu erhalten, muss uns klar werden, dass unser Widerstand um ein Vielfaches verstärkt werden muss und ebenfalls komplexer zu gestalten ist. Ein gutes Beispiel ist die Androhung der U'was in Kolumbien, einen Massenselbstmord zu begehen. Durch diese Drohung wurden sehr viele AktivistInnen in Europa und den USA mobilisiert – von arbeitslosen Earth First!-Leuten bis zu relativ wohlhabenden Liberalen –, Druck auf den Konzern Occidental Petroleum auszuüben. Durch eine Vielfalt von Taktiken (unter anderem Boykottaufrufe und Stürmung der Aktionärsversammlung des Konzerns) ist es gelungen, einen enormen Druck auf den Konzern auszuüben, der dazu führte, dass Occidental Petroleum letztendlich sein Gebot auf das Land der U'wa zurückzog. Es ist uns bewusst geworden, dass jeder Widerstand gegen globale Unterdrückung ebenfalls weitreichend, wenn nötig global, verflochten sein sollte und sehr breit und komplex angelegt werden muss. Aus diesem Grund ist ein einzelnes Parteiprogramm oder eine einzelne Parteilinie nicht sinnvoll für unsere Widerstands-Communities.

Erfolgreiche Netzwerke werden durch verschiedene unerwartete Kanäle aufgebaut. Wir tauschen Informationen aus durch Indymedia, anarchistische Zeitschriften, DIY-Videos, Bücher, Diskussionsgruppen, Workshops und durch die Erfahrungen und Erlebnisse unseres alltäglichen Lebens. Wir sind Jugendliche, Frauen, Mitglieder ›ethnischer Minderheiten‹, Queers, KünstlerInnen, AgitatorInnen, Studierende, LehrerInnen und StraßenrebellInnen. Alle können am globalen Widerstand teilnehmen. Allein mittels der Vielfältigkeit unserer Kämpfe können wir damit beginnen, die schwierigen Probleme anzugehen, die uns gegenüberstehen.

DIY-POLITIK

»Do it, do it, do it, don't stop, don't stop, don't stop." – anarchistischer Slogan aus Florida, späte 1990er

DIY ist für sich selbst schon eine sehr wertvolle Angelegenheit und erhält seine Relevanz nicht erst durch den Fakt, dass du nicht das Geld hast, irgendwelche SpezialistInnen dafür zu bezahlen, damit sie etwas für dich erledigen. DIY steht der Massenkultur als eine ungemein erfolgreiche Strategie und Philosophie gegenüber. Für Folk-AnarchistInnen ist es ein Instrument, um Leute mit unterschiedlichen materiellen Vorraussetzungen auf eine Spielebene zu bringen. Es hilft uns dabei, unsere Fähig- und Fertigkeiten auszutauschen und uns unabhängiger von einzelnen Individuen zu machen. Es hilft uns dabei, Widerstandsbewegungen aufzubauen.

Die Straße zum Totalitarismus ist mit Pflastersteinen der Marke ›gute Absichten‹ gepflastert. Wie jedeR UnternehmenschefIn bezeugen kann, ist der Besitz von Ressourcen und finanziellen Mitteln der schnellste und sicherste Weg zu Autorität. Somit ist DIY genau das Gegenteil: es geht dabei um uns als Menschen ohne große Möglichkeiten oder Mittel, die all die zur Verfügung stehenden Ressourcen, Fähig- und Fertigkeiten und all unsere Kreativität teilen, um außergewöhnliche Dinge zu erschaffen.

Es handelt sich hierbei nicht um eine reine Wiederholung der HandwerkerIn-vs.-Massenproduktion-Dichotomie. Bei unseren Anarchien muss es darum gehen, dass für eine Atmosphäre gekämpft wird, die allen wenigsten die Möglichkeit eröffnet, auch alles zu erlernen. Ist es nicht eigenartig, dass Menschen, die sich DIY-mäßig z.B. im Bereich Musik, Fahrradreparatur etc. engagieren, sich in Sachen Politik nur auf tote TheoretikerInnen beziehen oder sogar den Staat oder andere Dinosaurier nachahmen? Wir müssen den Mut aufbringen unsere Politik selbst zu machen, wie wir auch andere Sachen selbst machen.

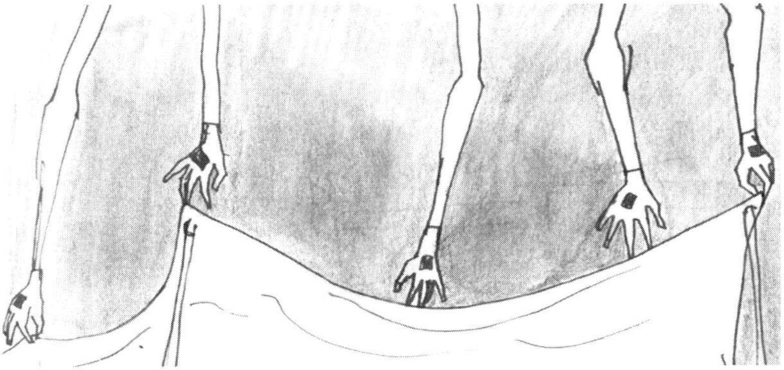

IM BAUCH DER BESTIE

»Die US-amerikanische Flagge zu verbrennen, scheint zu einer Art Aufnahme-Ritus für junge Radikale geworden zu sein. Überall in der Welt scheint die Message ›Yankee go home‹ klar zu sein, aber innerhalb dieser fetten Nation birgt das Verbrennen der eigenen Fahne eine Reihe bedrohlicher Risiken. Ich frage mich, was für eine Art Phoenix wohl aus der Asche der im Feuer schwarz gewordenen rot-weiß-blauen Fahne aufsteigen wird?«

– Tagebucheintrag eines Mitglieds
des Black Bloc aus Anlass der gestörten
Amtsantrittsfeier von Bush im Jahr 2000

Für verschiedene Regionen und Kontexte braucht es spezifische Modelle und Lösungsansätze. Folk-Anarchy ist genauso alt wie der Widerstand gegen jede andere Herrschaftsform und ebenso Teil der US-amerikanischen Geschichte wie Gewalt und Apfelkuchen. Momentan sehen wir die bewusste Artikulation vieler dieser unbewussten Prinzipien in anarchistischen Communities in ganz Nordamerika. Wir lassen uns ebenso von der anarchistischen Agitation des letzten Jahrhunderts inspirieren wie von heutigen erfolgreichen Modellen, die nicht notwendigerweise als anarchistisch einzustufen sind: den Barackensiedlungen in Asien mit ihrem egalitären Charakter, dem Zapatismus in Chiapas, den Meutereien auf dem Schlachtfeld, den Stadtviertel-Komitees in Argentinien oder nomadisch lebenden Menschen... All diese Kämpfe entstehen durch lokale Um- und/oder Missstände und zehren von den vorhandenen Ressourcen und vor allem von den Ideen der lokalen Bevölkerung. Unsere Kämpfe in den USA überschneiden sich mit anderen globalen Kämpfen, damit es uns gelingt, eine Folk-Anarchy ohne Grenzen und Begrenzungen aufzubauen. Anarchie ist nicht eine Revolution, sondern Tausende von Revolutionen.

Wir, als privilegierte Menschen aus der so genannten ›Ersten Welt‹, müssen über unsere Rolle und unsere Aktionen in diesen globalen Kämpfen genau nachdenken. Wir sind die Kinder in einer gigantischen Festung. Einige von uns sind die Kinder von SklavInnen, andere die Kinder der Herrschenden – aber wir alle spähen über die Mauern in eine Welt hinaus, die für die Bereicherung der Herrschenden geplündert und zerstört wird. Werden wir nun gegen unsere verrückten Captains meutern oder uns weiter um die Reste streiten? Wir – die ArbeiterInnen, KünstlerInnen, BettlerInnen und DiebInnen, die hinter den Mauern der Festung USA beschützt werden – müssen nun entscheiden, wie unser nächster Schritt aussehen wird und wie wir mit unseren FreundInnen außerhalb der Festung zusammenarbeiten können. Überall in der Welt kämpfen die Menschen für die Folk-Anarchy, um ihr Leben so zu leben, wie es ihnen gefällt. Wenn wir AnarchistInnen in den USA es schaffen, unsere Sachen auf die Reihe zu bekommen, gibt das allen anderen in der Welt mehr Hoffnung.

Ist es schwarzen Blumen möglich, im stinkenden Bauch der Bestie zu gedeihen? Die Versprechen dieser Nation sind für uns weder Zuflucht noch Grundlage; die hohlen Versprechen des amerikanischen Traumes werden unsere Bäuche nicht mir Feuer oder Essen füllen. Trotzdem wachsen wir außerhalb des Scheinwerferlichts der Massenmedien. Unsere momentanen Widerstandsgruppen sind nicht sonderlich perfekt, dafür aber in ständigem Wandel begriffen. Sie sind zusammengenäht aus den Überbleibseln älterer und exotischerer Widerstandsbewegungen. Die Totems unserer reisenden AnarchokollegInnen, die Flicken auf unseren Klamotten, unsere Fahrräder oder die containerten Bagels sind vielleicht nicht an der Oberfläche zu sehen, aber sie sind eine Herausforderung an die Monokultur und die Macht der Dinosaurier. Einige AnarchistInnen in den USA lehnen offen ihre Vergangenheit ab und ziehen es vor, in den Schatten des revolutionären Spaniens oder in einer technologielosen ›Steinzeit‹ zu leben. Aber viele von uns haben die Starre der Mut- und Hoffnungslosigkeit hinter sich gelassen, um die Scherben und die verlorenen Spielzeuge aufzusammeln. Indem wir alles benutzen, was zur Hand ist, kann die Anarchie eine Zuflucht für all die Flüchtlinge aus der Welt der Dinosaurier sein. Der Punk, die Hausfrau, der Immigrant und die Studienabbrecherin – sie alle wollen mehr als nur die limitierten Möglichkeiten der Subkulturen, und unsere beste Chance besteht darinst, gemeinsam etwas neues zu erschaffen. Also lasst uns nicht nur wieder eine weitere Zuflucht vor den Dinosauriern bauen, sondern eine Revolution entflammen, die sie zerstören wird. Wenn wir die großen US-amerikanischen Dinosaurier unter Druck setzen, wird das ein großes Echo in der ganzen Welt hervorrufen... und wer weiß schon, was als nächstes passiert?!

Wenn die amerikanische Kultur mit ihren Filmen, Einkaufsparks und Erfrischungsgetränken nicht inspirieren kann, so gibt es noch andere Amerikas, die das sehr wohl können: die Amerikas der DeserteurInnen und der Gefangenen, der TräumerInnen und der AußenseiterInnen. Es gibt noch etwas zu retten aus dem Wrack des »demokratischen Geistes« des Walt Whitman; abgeleitet von dem Gedanken, dass jede Person einen Wert und eine Würde hat – eine Idee, die sich auf Selbstvertrauen und Eigeninitiative stützt. Diese Amerikas sind die Amerikas der Entfremdeten und der Marginalisierten: indigene AktivistInnen, die KämpferInnen für die Bürgerrechte, die rebellierenden Bergleute in den Appalachen. Die US-amerikanische Vergangenheit ist gefüllt mit revolutionären Hybriden. Unsere Liste ließe sich unendlich fortsetzen in unentdeckte

Sphären der Zukunft und der Vergangenheit. Dieser Monolith des momentanen Amerikas, des reichen und fett gefressenen Amerikas muss zerstört und endlich durch viele Amerikas ersetzt werden. Eine Kultur der Folk-Anarchy wächst am Rande Amerikas und könnte im fruchtbaren Boden unter dem Beton des US-amerikanischen Ödlands gedeihen.

Alle, die heute kämpfen – das harte Leben leben und den noch härteren Kampf kämpfen –, sind unsere FreundInnen, auch wenn sie keine Mahlzeit mit uns teilen können und unsere Sprache nicht sprechen. Die US-amerikanischen AnarchistInnen mit ihren vielfältigen Einflüssen und kühnen Träumen haben kein einseitiges Bild von der Zukunft. In den USA genießen wir unglaubliche Privilegien: hier können ganze Mahlzeiten aus weggeworfenen Lebensmitteln bereitet werden, verlassene Gebäude suchen ständig neue BewohnerInnen und nicht mehr benutzte Highways und Eisenbahnnetze laden zur Mitfahrt ein. Das sind Sachen, die wir einfach nicht ignorieren können. Die Frage ist also, inwiefern die US-amerikanischen AnarchistInnen diese Privilegien nutzen können, um auf globale Weise die Anarchie zu stärken. Diese Herausforderung muss eine immense Liebe entfesseln, unendliche Möglichkeiten eröffnen und eine globale Solidarität ermöglichen: eine leuchtende Zukunft für alle.

ERZÄHLT ES EUREN LEUTEN

Das Buch ist fast fertig, und wie ihr seht, sind es nur noch ein paar Seiten bis zum Ende. Das letzte Wort zum Thema Folk-Anarchy wird nicht gerade den Charakter eines finalen Höhepunktes haben, weil ein einziges Kollektiv einfach nicht alles sagen kann. Ihr mögt euch jetzt fragen, um was es jetzt eigentlich ging? Oder vielleicht fragt ihr euch, wie sich denn jetzt Folk-Anarchy von der guten alten Anarchie unterscheidet? Wenn das eure Fragen sind, dann müssen wir gestehen, dass diese letzten Seiten euch zweifelsohne nicht befriedigen werden. Vielleicht stimmt eure Vorstellung von Anarchie genau mit dem überein, was wir unter Folk-Anarchy beschrieben haben. Vielleicht ist es aber auch so, dass nur einige der Ideen in deinem Leben Sinn machen. Es gibt keine einfachen und alles erklärenden Definitionen, und auch die Broschüre »10 Schritte zur Selbstbefreiung« existiert nicht. Was wir stattdessen mit euch teilen wollen, ist die Art und Weise, wie diese Folk-Ansätze umgesetzt werden können, wie sie funktionieren und wie wir alle den Geist der Folk-Anarchy in unseren Projekten am Leben erhalten können.

Folk-Anarchy existiert heutzutage unter der Oberfläche des kapitalistischen Imperiums und wird von Individuen gestaltet, die einfache Ideologien ablehnen, dem Chaos erlauben, Teil ihrer Projekte zu sein, und mit dem Material und den Menschen arbeiten, die gerade zur Hand sind. Ein von Natur aus so eklektisches und vielseitiges Wesen widersetzt sich natürlich jeglichen eindimensionalen Definitionsversuchen. Hier ist das offene Geheimnis der Folk-Anarchy: Anarchie ist überall. Folk-Anarchy ist das, was die Menschen heute auf der ganzen Welt tun, und das, was in den verschiedenen Orten der USA geschieht. Sie wird zum Beispiel praktiziert von einem Netzwerk von AnarchistInnen, Öko-AktivistInnen und GenossenschaftsfarmerInnen in North Central Wisconsin. Diese FarmerInnen versuchen, ein neues technisiertes Landschaftsmodell zu stoppen, das unberührte Naturgebiete zerstört, Felder von Familienbetrieben stiehlt und die Kosten für grundlegende Dienstleistungen wie Wasser, Strom etc. in die Höhe treibt. Diese Folk-Anarchy inspiriert Dutzende Piratensender dazu, sich den neuen FCC-Bestimmungen zu widersetzen und ihre regionalen Sendungen über das Internet auszutauschen, um die Luft von San Diego bis Maine mit so vielen Stimmen wie nur möglich zu füllen. Sie kann auch im kostenlosen Yellow-Bike-Projekt in Portland, Oregon zu finden sein, das von ein paar FahrradenthusiastInnen mit Reparaturkenntnissen und Verbindungen zum lokalen Schrottplatz aufgebaut wurde. Das Yellow-Bike-Projekt wurde in vielen anderen Städten nachgeahmt. Es bietet allen Menschen gelbe Fahrräder zur kostenlosen Benutzung an, die einfach unabgeschlossen überall in der

Stadt abgestellt werden. Folk-Anarchy verbindet auch ein Netz von Fremden und VerschwörerInnen von Austin bis Gainesville, die Zufluchtsstätten für weggelaufene Jugendliche mit Missbrauchshintergrund anbieten. Folk-Anarchy kann sogar in den von Unterdrückung bestimmten Schulen und Arbeitsplätzen gefunden werden. Folk-Anarchy existiert an den Rändern der Favelas und Barackensiedlungen und in den Herzen der Menschen, die »Wohnungen statt Gefängnisse!« rufen und dann auch wirklich etwas dafür tun. Sie kann auf Güterbahnhöfen und Flugzeugträgern auftauchen. Folk-Anarchy singt heute Nacht Songs in Gefängnissen und erzählt Geschichten in Obdachlosenheimen. Folk-Anarchy tanzt auf dem nächsten Konzert von Against Me! und wird dich wach halten, wenn du Nachts in einem Copyshop Kopien mopst. Folk-Anarchy ist das, was andere Leute tun und was du vielleicht schon seit Wochen oder Jahrzehnten unabhängig von diesem Buch oder seinen Interpretationsmöglichkeiten tust.

Folk-Anarchy entfaltet sich auf wundersame Weise. Folk-Anarchy kann uns dabei helfen, unsere Unterdrückung und unseren Widerstand zu überdenken. Folk-Anarchy hilft uns bei der Suche nach Verbündeten und bei dem Entwurf von Plänen, gleichgültig von der Größe oder der Gewagtheit unserer Träume. Folk-Anarchy ermöglicht es uns, die Hindernisse aus dem Weg zu räumen, die unsere Anstrengungen zunichte machen. Folk-Anarchy bietet uns eine sich ständig entwickelnde Sprache, um unsere Gefühle zu erklären, unsere Taten zu verteidigen und sie anderen näher zu bringen. Folk-Anarchy ermöglicht es uns, die Denkweisen der Dinosaurier zu erkennen, die Gefahren von Effizienz und ExpertInnen aufzuzeigen und die verborgenen Möglichkeiten des Chaos und der beherzten Communities zu unterstreichen. Sie verleiht den Gefühlen unserer Herzen eine Stimme. Folk-Anarchy ist eine längst fällige Herausforderung für die Dinosaurier. Sie kann dermaßen gewöhnlich sein, dass sie von ihren Überwachungskameras nicht erfasst wird, und so ausgetüftelt, dass sie ihre Spionageeinheiten verwirren. Sie kann durch ihre Wachposten hindurchschlüpfen, sie durch komplexe Manöver verwirren und auch überwältigen. Manchmal kann sie uns sogar helfen, ganz unerwartet zu verschwinden. Sie kann die Neuigkeit des Tages sein oder aus Geschichtsbüchern stammen. Sie verbreitet ihre Magie in den Straßen, den Infoläden und am Küchentisch.

Du kannst sie dazu benutzen, nach Verbündeten in dafür unwahrscheinlichen Gegenden zu suchen. Sie kann Computer nach Chiapas transportieren. Folk-Anarchy kann dir dabei helfen, Burn-Out und Ressentiments zu vermeiden. Sie bietet Perspektiven und Möglichkeiten, sich zu organisieren. Sie ist in jedem Projekt anwendbar, das deine Vorstellungskraft anregt, und mit allen realisierbar, die für die Abschaffung von Hierarchien und Macht kämpfen. Du kannst die Lehren der Folk-Anarchy dazu benutzen, die Manipulationsversuche anderer zu durchschauen und die Fallen zu vermeiden, die dir Ressourcen und Moral stehlen. Sie kann dir dabei helfen, ein Buch zu schreiben und es an Hunderte von FreundInnen zu verteilen, die du noch nicht getroffen hast. Folk-Anarchy ist ein Prozess, ein Weg, Dinge zu organisieren und wahrzunehmen. Sie versucht nicht, Dinge von der ursprünglichen Anarchie abzuziehen oder dazu zu addieren. Sie will lediglich die beständigsten und erfolgreichsten Charakteristika hervorheben: Dezentralisation, gegenseitige Hilfe, DIY, freiwillige Assoziation und Chaos. Wir tun all diese positiven Dinge und müssen uns doch mit den rhetorischen Auswüchsen derer herumschlagen (egal ob sie sich selbst AnarchistInnen nennen oder nicht), die sich an Dinosauriertaktiken klammern und versuchen, unsere Bemühungen zu verwässern.

Folk-Anarchy gibt uns Auswahlmöglichkeiten: Sie ist eine explodierende Bombe voller Möglichkeiten und gleichzeitig eine Ablehnung von allem, was den Staat, den Boss, den Schläger, den Banker, den missbrauchenden Ehemann und den Cop verkörpert. Ihr Name ist relativ willkürlich gewählt, stattdessen bestimmt sie sich durch eine unendliche Zahl von Aktionen, die den Versuch wagen, die durch die Autoritäten auferlegten Begrenzungen und Grenzen auszuradieren und uns unabhängig von den Auswirkungen des Kapitalismus und den mörderischen Intrigen des Staates zu machen. Sie verschafft uns die Zeit, um mit anderen zusammenzuarbeiten und sie in ihren Kämpfen für ähnliche Ziele zu unterstützen.

Sie lässt uns jeden morgen ohne Kaffee und ohne Wecker aufstehen. Folk-Anarchy gibt uns Hoffnung, wenn wir alles andere verloren haben. Sie stellt die Musik zur Bewegung der Sterne bereit und sorgt für den letzten Sonnenuntergang, den die Welt der Dinosaurier jemals sehen wird.

FreundInnen, das ist Folk-Anarchy.

EIN LIEBESBRIEF AUS GENF

Die Anarchie ist mit dem Ende des Spanischen Bürgerkriegs nicht gestorben. Sie lebte weiter und tauchte wieder auf, sobald die Dinosaurier ihren Blick abgewendet hatten. Revolutionen wie die unsere sind keine einmalige Sache im Leben, sondern von einer immer währenden Natur, genauso wie die Jahreswechsel. Ich hoffe, dass ihr erkennt, dass dieses Buch ein Liebesbrief ist; ein Liebesbrief an all euch wunderschönen AnarchistInnen und die neuen Leben, die ihr erschafft. In einer Welt ohne Hoffnung habt ihr uns Hoffnung gegeben und in einer Zeit des Terrors habt ihr uns gelehrt zu lieben. In einer Welt ohne Zukunft habt ihr uns die größte Gabe überhaupt gegeben: die Gegenwart.

Der Entstehungsprozess dieses Buches war so gefährlich wie sein Inhalt. Seiten wurden über Ländergrenzen geschmuggelt, E-Mails aus IMCs inmitten von Anti-G8-Riots geschickt, Rohfassungen in Dörfern Chiapas und Squats in NYC korrigiert und Zeichnungen auf langen Güterzugfahrten durch die Great Plains Nordamerikas angefertigt. Wir hoffen, dass dies eine neue Sorte Buch ist; nicht eins von AkademikerInnen oder den neuesten Medienlieblingen, sondern von Leuten von der Straße, die wie du sind. Wenn du BuchhalterIn, ÖkonomIn, KönigIn, BeamtIn, SystematikerIn oder irgendeine andere Art Dinosaurier bist, dann betrachte dieses Buch als unsere letzte Warnung. Wenn du aber auch nur das kleinste bisschen Inspiration in diesen Worten findest – egal, ob du dich AnarchistIn nennst oder nicht –, dann ist dieses Buch für dich.

Dieses Buch ist für dich: für all das, was du getan hast und was du noch tun wirst. Wir hoffen, dass du etwas damit anfangen kannst. Wenn es ein großes Geheimnis auf dieser Welt gibt, so lautet es, dass du unbezwingbar bist. Wir möchten, dass du deine Fähigkeiten erkennst und die Gaben nutzt, die dir geschenkt wurden. Es gibt da draußen Tausende wie dich, ob AnarchistInnen oder nicht. Es gibt kein Geheimnis für die Revolution, keine große Dialektik und keine ultimative Theorie. Revolution ist einfach. Geh raus und triff Leute, die genau so leidenschaftlich sind wie du, und wenn sie es nicht erkennen, dann hilf ihnen dabei. Vereint eure Kräfte, schmiedet Pläne und Komplotte zu-

sammen – und dann tut es einfach! Die Macht der Dinosaurier gleicht einem Kartenhaus und wird auch wie ein solches zusammenfallen. Die Fähigkeit der (außer)gewöhnlichen Menschen, ihre eigenen Leben in die Hand zu nehmen, ist schon jetzt allgegenwärtig, wächst ständig weiter, verändert sich stets und ist in unseren Herzen verankert.
Nichts von wegen liebevollen Verabschiedungen oder mitreißenden Schlussfolgerungen oder schwermütigen Liedern für das Gestern. Diese Seiten haben euch einen kleinen Einblick in die Welt der alltäglichen Wunder gegeben. Diese Welt nennen wir Folk-Anarchy oder einfach nur Anarchie – je nachdem, wie es uns gefällt. Lasst uns auseinandergehen mit einem Lächeln, einem konspirativen Augenzwinkern, einer herzlichen Umarmung und einem leichten Kuss auf die Wange. Unsere Wege werden sich wieder treffen, dessen kannst du gewiss sein.

Das ist das Ende unseres kleinen Buches, aber heute ist ja erst der Anfang für die Anarchie.

In Liebe
H.

Klau dieses Buch! Alle Bilder und Texte dieses Buches gibt es vollkommen umsonst im Internet unter **www.mtmb.tk**

Folk-Anarchy beginnt zu Hause

EINIGE ANMERKUNGEN DER MORE THAN JUST MUSIC BRIGADE

Wir, die MTMB, empfinden als Produzenten der deutschen Übersetzung das Bedürfnis, einige Anmerkungen zum Inhalt dieses Buches zu machen, und wählen deshalb dieses Medium, um dir einige unserer Gedanken mitzuteilen. Zum besseren Verständnis unserer Anmerkungen ist zu empfehlen, dass du das Buch vorher liest, aber wir versuchen natürlich auch so, uns so verständlich es nur geht mitzuteilen.

Das Buch geriet einem MTMB-Mitglied bei einem New-York-Aufenthalt in die Hände, und durch den positiven persönlichen Eindruck, den er von den ursprünglichen VerfasserInnen – der Curious George Brigade (CGB) – durch einige Treffen hatte, entschloss er sich kurzerhand, dieses Buch mit Hilfe der MTMB und weiterer Menschen ins Deutsche zu übersetzen. Während dieses Prozesses und auf Basis der Diskussionen innerhalb der MTMB stellten wir sehr bald fest, dass wir das Buch nicht unkommentiert veröffentlichen wollten, da wir in einigen Punkten die Auffassungen bzw. die Ansätze der Curious George Brigade nicht teilen. Der Schluss MTMB = Curious George Brigade = CrimethInc. funktioniert nicht, und obwohl wir mit vielem von der CGB und/oder CrimethInc. Propagierten übereinstimmen, sind wir bei bestimmten Themenbereichen völlig anderer Ansicht, so dass wir unbedingt unterstreichen wollen: Wir übersetzten das Buch und übernehmen einen Teil des Vertriebes der deutschen Version, haben es aber nicht geschrieben. Trotz der Differenzen denken wir, dass es ein lesenswertes Buch ist, das die besonders in Europa sehr verbreiteten, theoretisch-akademischen Texte zum Thema Anarchie um eine aktuelle, praxisorientierte und subkulturelle Version ergänzt. Auch wenn es für einige vielleicht nicht gleich nachvollziehbar sein wird, so fanden wir besonders den relativ poetischen Stil und die Spielerei mit der Dinosauriermetapher sehr interessant – mal keine Fußnoten, staubtrockenen Texte oder Zitate von Leuten, die schon 120 Jahre tot sind, sondern endlich mal Bilder, Leben,

Punk und AutorInnen, die in vergleichbaren Zusammenhängen leben und arbeiten...
Natürlich haben uns auch die Erfahrungen, die mit dem Prozess ›Buchveröffentlichung‹ – ohne viel Geld oder Plan – einhergehen, gereizt. Obwohl das Experiment noch lange nicht beendet ist, denken wir sagen zu können, dass es sich schon jetzt in dieser Hinsicht für uns gelohnt hat.

Doch nun zu unserer Kritik:
Negativ empfanden wir die teilweise zu einfache, ja fast naiv wirkende Herangehensweise an doch sehr komplexe Probleme und den Hang zur dramatischen Romantisierung von bestimmten Dingen. Die EZLN mag sich zwar über Computer von US-amerikanischen AnarchistInnen freuen, aber durch solche punktuell sicherlich essentiellen Hilfs- und Solidaritätsangebote wird diese Welt in ihrer Essenz keine bessere werden, und auch Beispiele wie die des anarchistischen Engels, der in der U-Bahn Sandwiches verteilt, bringen uns unserem Ziel nur bedingt näher. Das ist kein Aktionismus-Bashing, sondern die Kritik, dass solche Aktionen nur allzu oft als ein Schritt zur Weltrevolution verstanden und vermittelt werden, ohne dabei ehrlicherweise ihre leider beschränkten Effekte für die ›Betroffenen‹ und die beschränkenden Effekte für die AktionistInnen selbst herauszustellen. Eine tief greifende und ernst gemeinte Analyse der verschiedenen Problematiken und eine daraus resultierende Abwägung der möglichen Aktionsformen würde sicherlich produktivere Ergebnisse bringen, als dies oft der Fall ist.

In diesem Zusammenhang fiel uns auch ein überzogenes Pathos im Stil der CGB auf, wenn es um das Thema Revolution geht. Gehässigerweise könnte auch von einem Revolutionslabba gesprochen werden... Sicherlich ist das in erster Linie eine Definitionsfrage: Was ist Revolution? Wie sollte das Wort verwendet werden? Wann sollte es nicht benutzt werden? Auch wenn die Unschärfe des Wortes durch Medien, Werbung etc. mitverschuldet ist, hilft der teilweise schon inflationäre Gebrauch dieses Wörtchens im Buch selbst nicht sonderlich dabei, seine semantische Dimension zu schärfen. Wir denken allerdings, dass dieses Phänomen eher auf Schreib- und Lesegewohnheiten der AutorInnen, als auf dessen bewussten Einsatz zurückzuführen ist.

Problematisch für uns ist auch die Herangehensweise an die allein an der Hautfarbe aufgehängten Rassenzuschreibung bzw. Kategorienbildung, bei der sich durch das ganze Buch hindurch an einer Schwarz-Weiß-Zweiteilung entlang gehangelt wird, ohne dass die eigentlichen Ursachen und Konsequenzen der Zuschreibungskategorie ›Rasse‹ thematisiert werden. Vielleicht würde es hier gut tun, verschiedene Rassismustheorien abzugleichen, das sprengt aber leider unseren selbst gesteckten Rahmen – und im Buch geschieht dies leider auch nicht. Deshalb ganz kurz: Das explizite Verbinden von Schwarz-Sein mit Rassismuserfahrungen entstammt vermutlich der Theorie der »Critical Whiteness«. Zur Erklärung: ›Schwarz‹ und ›Weiß‹ stellen in diesem Kontext Kategorien dar. ›Schwarz‹ bezieht sich hier auf eine bestimmte Gruppe von Menschen, die durch die Kategorie ›Rasse‹ markiert werden und folglich von rassistischen Zuschreibungen betroffen sind. ›Weiß-Sein‹ ist eine Kategorie, die eine privilegierte Gruppe von Menschen beschreibt, die quasi nicht farbig ist. ›Weiß-Sein‹ ermöglicht und bedingt das Andere, das Fremde bzw. das Farbige, ohne jedoch selbst von rassistischen Zuschreibungen betroffen sein zu können. Mittlerweile wird anstelle von ›Schwarz‹ oft die genauere Zuschreibung »People of Color« verwendet. Dies ermöglicht auch eine bessere Auseinandersetzung mit den verschiedenen Formen rassistischer Zuschreibungen und deren Ursachen.

Wie ein roter Faden zieht sich auch der durchweg positive Bezug auf die so genannte Antiglobalisierungsbewegung durch das Buch, der mitunter sogar euphorisch-verklärende Dimensionen annimmt. Wir denken, dass es neben den bemerkenswerten Leistungen und Initiativen innerhalb der sehr heterogenen Masse der Anti-Globals auch sehr viele kritikwürdige Strömungen und sogar verurteilenswerte und bekämpfenswerte Bestandteile gibt. Neben Organisationen und Einzelpersonen, die offen antisemitische (auch gern antizionistisch getarnt), nationalistische und völkische Positionen vertreten, finden sich in dieser „Bewegung der Bewegungen“ auch viele Teilbereiche, die durch ihre verkürzte Kapitalismuskritik, ihre pauschalen und generalisierten Forderungen und vor allem ihre dubiose Bündnispolitik immer wieder Anknüpfungspunkte für faschistische Elemente und Neonazi-Gruppen bieten. Wir können und wollen uns deshalb als MTMB von diesem rein positiven Bezug auf die so genannte Antiglobalisierungsbewegung distanzieren, ohne aber diese Bewegung als solche pauschal verurteilen oder eines bestimmten Verhaltens bezichtigen zu wollen.

So, das war es erstmal ganz kurz zu den unserer Meinung nach wichtigsten kritikwürdigen Punkten in diesem Buch. Wir haben die Arbeit an diesem Buch auch als einen Weg empfunden, uns mit den verschiedenen Themen auseinander zu setzen und vorher als unumstößlich geltende Ansichten zu überdenken. Deshalb ist es schwierig, unsere Kritik und unsere Gedanken zu diesem Buch auf einem so kleinen Raum auszudrücken... Wenn es dir ähnlich geht oder du gern mehr über unsere Ansichten zu den Themen im Buch oder zum Buch im Allgemeinen erfahren möchtest, dann nimm einfach mit uns Kontakt auf.

Kurz nach der Fertigstellung der deutschen Version war klar, dass einige Wörter und Realia für deutschsprachige LeserInnen unbekannt sein könnten, so dass wir uns entschlossen, ein erklärendes Glossar am Ende des Buches anzufügen. Es ist offensichtlich, dass dieses Glossar nur Erklärungs- und Definitionsansätze bieten kann und keineswegs einen lexikalischen Anspruch besitzt. Wir hoffen, dass ihr es als das versteht, was es ist: eine erste Hilfe.

OK, wir sehen dich, wenn wir den Dinosauriern um – und in – uns selbst gemeinsam Gift ins Fressen mischen und sie dann hoffentlich krepieren... Viel Glück, Energie
Und vor allem superviel Spaß bis dahin,

Deine MTMB [www.mtmb.tk].
Februar 2006

Glossar

AFFINITY GROUPS:
Eine kleine Gruppe von 5 bis 20 Personen, die selbstbestimmt in Direct-Action- oder anderen Projekten zusammenarbeiten. Diese Gruppen können sich aus FreundInnen, KollegInnen oder Leuten aus der mehr oder weniger direkten Umgebung zusammensetzen. Wichtig ist das verbindende Element unter den Gruppenmitgliedern, die gemeinsame Affinität. Hierarchische Entscheidungsprozesse und Organisationsstrukturen werden abgelehnt, und der Schwerpunkt liegt auf Direct-Action. Es ist den Mitgliedern möglich, selbst die Aktion ›zu sein‹, die sie gern umsetzen wollen, weil vollkommen freie Verhältnisse und auf Konsens basierende Entscheidungen die Gruppen charakterisieren. Von Natur aus sind Affinity Groups nicht-hierarchisch und dezentral aufgebaut. Das Modell stammt ursprünglich aus Spanien, wo es von den spanischen AnarchistInnen des späten 19. bzw. frühen 20. Jahrhunderts unter dem Namen »Grupos de Afinidad« benutzt wurde. In den 70er Jahren des 20. Jahrhunderts wurde es wieder eingeführt und fand besonders Anwendung bei den radikalen Direct-Action-AktivistInnen der Anti-Atombewegung.

AFFINITÄT:
Das Ausmaß des Mögens oder der Zuneigung; das Gefühl der Liebe oder Zuneigung für etwas oder jemanden; besonders im Zusammenhang mit Interessen bzw. geteilten Interessen.

AIM:
American Indian Movement (englisch/amerikanisch für: »amerikanische indianische Bewegung« beziehungsweise „Amerikanische Indianerbewegung“), kurz AIM, ist eine Widerstandsbewegung der Native Americans in den USA, die sich auch als Bewegung für autonome Selbstbestimmungsrechte der nordamerikanischen Natives versteht. AIM propagierte ein neues Selbstbewusstsein der nordamerikanischen Natives, die Wiederbelebung traditioneller kultureller Werte der indianischen Stämme sowie mehr Selbstbestimmung bis hin zu einem autonomen Status in den Reservationen. Damit protestierte die Bewegung auch gegen die Jahrzehnte lange Unterdrückung der Religionen und Kulturen der Native Americans seit ihrer militärischen Unterwerfung Ende des 19. Jahrhunderts durch die USA.
– http://www.aimovement.org/

ANARCHOPRIMITIVISMUS:
teilweise auch einfach nur Primitivismus genannt; es handelt sich um einen philosophischen Ansatz innerhalb der anarchistischen Strömungen, der den Fokus seiner Kritik auf die Ursprünge, die Entwicklung und den Zustand der Zivilisation legt. Es wird eine nicht- bzw. anti-zivilisatorische Lebensweise propagiert, die durch Deindustrialisierung, die Abschaffung des Prinzips der Arbeitsteilung und Spezialisierung und den Verzicht auf technologische bzw. technische Geräte herbeigeführt werden soll. Unter anderem gehen die ApologetInnen dieser Strömung davon aus, dass die Menschen vor der landwirtschaftlichen Orientierung in kleinen, nomadischen Gruppen zusammenlebten, die sozial, politisch und wirtschaftlich auf egalitären Prinzipien aufgebaut waren und somit durch das Fehlen jeglicher Hierarchie eine Vorstufe zur Anarchie darstellen.

ATTICA:
Am 9. September 1971 brach im Norden des Bundesstaates New York im Hochsicherheitsgefängnis von Attica ein Aufstand aus. Mehr als 1.000 Gefangene übernahmen in kurzer Zeit die Kontrolle über das Gefängnis und nahmen 38 Wärter als Geiseln. In ihrem Kommuniqué hieß es: »Wir sind Menschen. Wir sind keine Bestien, und wir nehmen es nicht hin, wie solche geschlagen und misshandelt zu werden.« Der Forderungskatalog der Gefangenen umfasste u.a. Forderungen nach angemessener Lebensmittel- und medizinischer Versorgung, freier politischer Betätigung, Abschaffung der Zensur, den Rücktritt des Anstaltsleiters und Amnestie für die Aufständischen. Die Verhandlungen mit den Autoritäten blieben jedoch erfolglos, und am 13. September beendet der Staat den Aufstand mit einem Massaker: aus Kampfhubschraubern wurden Tränengaskanister auf den besetzten Gefängnishof geworfen, 1500 Nationalgardisten, Soldaten und Polizisten stürmten das Gefängnis und deckten den Hof mit Feuer aus automatischen Waffen ein. 32 Häftlinge und neun als Geiseln genommene Wächter kamen um, 85 Menschen wurden verwundet.

AUFSTAND VON KRONSTADT:
Kronstadt ist eine kleine Garnisonsstadt auf einer Meeresinsel, kurz vor Petrograd, dem zwischenzeitlichen Leningrad, gelegen. 1921 entsprang dort der in Repression und Bürgerkriegswirren gefangenen russischen Revolution der letzte Hoffnungsfunke: Der Schrei nach einer erneuerten Revolution, nach freien Sowjetwahlen, nach einem freiheitlichen Sozialismus erklang. Er wurde von den herrschenden Bolschewiki in Blut erstickt. Seither ist Kronstadt zum Symbol der uneingelösten Hoffnungen anarchistischer Bewegungen in ihrer Auseinandersetzung mit dem orthodoxen Marxismus geworden.

BALACLAVA:
auch Pasamontaña, Hassmaske, Hassi, Sturmhaube usw. genannt.

BASTILLE:
Der Sturm auf die Bastille am 14. Juli 1789 wurde zum Symbol für die Französische Revolution. Teilweise wird dieses Ereignis auch als Beginn der Revolution interpretiert. Die Bastille war eine Festung in Paris, die zugleich als Staatsgefängnis benutzt wurde. Zum Zeitpunkt der Erstürmung saßen dort allerdings nur sieben Gefangene ein.

BOOKCHIN, MURRAY:
wurde am 14. Januar 1921 geboren und ist ein amerikanischer Anarchist/libertärer Sozialist. Er ist der Begründer der Sozialökologie, einem anarchistischen Ansatz mit Schwerpunkt Ökologie. Er wurde in New York City geboren und wuchs in einer marxistisch geprägten Umgebung auf. Später wandte er sich dem Trotzkismus zu, wurde aber von den Zwängen des konventionellen Marxismus-Leninismus stark enttäuscht. Nach wie vor ist er ein radikaler Antikapitalist und tritt für eine Dezentralisierung der Gesellschaft ein. Auf die Antiglobalisierungsbewegung hatte er großen Einfluss, und sein Modell des libertären Kommunalismus beeinflusste die Ökologiebewegung.

BRASS:
Messing; das Material, aus dem die Orden sind - Slang für höhere Offiziere, »hohe Tiere«.

BURN-OUT / BURN-OUT-SYNDROM:
Der Begriff Burnout (engl. burn out: ausbrennen) bezeichnet einen besonderen Fall berufsbezogener oder anderweitiger chronischer Erschöpfung und wurde 1974 erstmalig von Herbert Freudenberger und Christina Maslach eingeführt. Ständige Frustration, das Nichterreichen eines Zieles und zu hohe persönliche Erwartungen an seine eigenen Leistungen können zu einem Burn-Out-Syndrom führen. Die Symptome können Depressionen sein, aber auch physiologische Beschwerden wie Kopfschmerzen und Magenkrämpfe. Typisch für das Krankheitsbild ist auch das Auftreten von Schuldgefühlen. Der/die ›Ausgebrannte‹ erlebt die Umwelt im Allgemeinen als nicht mehr kontrollierbar.

CASCADIA:
nach Autonomie strebendes Gebiet im Westen der USA.

CELEBRATION, FLORIDA UND KENTLANDS, MARYLAND:
Künstliche Plastikstädte, die wie folgt entstehen: Die wachsenden Gegensätze zwischen Arm und Reich in den USA führen dazu, dass sich die Unterschiede zwischen den verarmten Innenstadtvierteln und den Vororten der Mittel- und Oberschicht weiter verstärken. Der Niedergang der Kernstädte ist soweit fortgeschritten, dass sich die VorortbewohnerInnen kaum noch in den Downtowns aufhalten, sondern überwiegend in suburbanen Shoppingcentern und Büroparks. Der dortige Mangel an urbaner Atmosphäre soll nun durch den Bau neotraditioneller Vororte behoben werden. Diese Neubausiedlungen des New Urbanism erinnern gestalterisch an Kleinstädte des 19. Jahrhunderts, weisen aber nicht deren soziale Vielfalt auf. Bekanntestes Beispiel ist die durch die Truman Show berühmt gewordene Gemeinde Seaside in Florida. Die größte Siedlung dieser Art aber, die Kleinstadt Celebration, wird von der Walt Disney Company in der Nähe von Orlando gebaut. Doch nicht nur in den Vororten, sondern auch in den Downtowns ist Disney aktiv geworden. Der einzige Bereich der Innenstädte, von dem noch wirtschaftliche Impulse ausgehen, sind die so genannten Urban Entertainment Destinations — Stadtviertel, die für die Bedürfnisse der VorortbewohnerInnen und TouristInnen erneuert werden. Beim bedeutendsten Projekt dieser Art, dem Times Square in New York, war Disney federführend. Mit Hilfe des Konzerns wurde aus dem Rotlichtbezirk ein familiengerechtes Unterhaltungsviertel. Dafür wurden hunderte kleiner Läden und Sexshops vertrieben sowie Obdachlose und Prostituierte mit einem beispiellosen Aufwand aus dem öffentlichen Raum verdrängt. Der so erneuerte Times Square dient nun den Hardlinern der New Yorker Lokalpolitik als Symbol für den angeblichen Erfolg ihrer Null-Toleranz-Politik gegenüber ›StraftäterInnen‹, mit der seit Jahren versucht wird, die Probleme der Stadt zu lösen.

CHUCK0:
a.k.a. Chuck Munson, Betreiber von www.infoshop.org

COFFEE HOUSES:
Die so genannten Coffee Houses wurden in Städten, nahe von großen Militärbasen eingerichtet und von Soldaten frequentiert, die dort Antikriegsliteratur lasen und über

politische Themen diskutierten. Einige Aktivisten ließen sich freiwillig in die Armee einziehen, um dort den Widerstand gegen den Krieg zu organisieren. Einer dieser Aktivisten brachte eine sehr populäre Anti-Kriegs-Zeitung in Fort Knox, Kentucky heraus, die sich FTA (Fuck The Army) nannte. Später nannte sich auch eine AktivistInnengruppe FTA, die sich die Aufgabe gestellt hatte, weitere Coffee Houses zu eröffnen und die anwesenden Soldaten zur Desertion zu bewegen.

COMMUNITY / COMMUNITIES:
Warum benutzen wir die Bezeichnung Community in der deutschen Übersetzung? In erster Linie muss gesagt werden, dass sich die eigentliche Sache, die sich hinter der Community versteckt, nicht mit einem deutschen Wort treffend zu übersetzen ist und das Verständnis der US-amerikanischen AutorInnen von einer Community auch weitaus breiter angelegt ist, als die möglichen Übersetzungen. Es ständen zur Verfügung: Gemeinschaft, Gemeinde, Kommune etc., die alle nicht den Sinn des mit Community Gemeinten treffen. Außerdem sind solche Wörter wie Gemeinschaft und Gemeinde bereits konnotativ negativ im Deutschen besetzt, so dass wir sie nicht für die durchaus positive Verwendung des Begriffes Community benutzen wollten.
Sogar bei Wikipedia hat man sich bereits an einer Definition versucht: »Eine Community (engl. community) ist eine Gruppe von Personen, die gemeinsames Wissen entwickeln, Erfahrungen teilen und dabei eine eigene Identität aufbauen. Communities profitieren von dem Grundsatz, dass alle TeilnehmerInnen zum Erfolg beitragen, indem sie ihr Wissen einbringen.«

COMMUNITY GARDENS / COMMUNITY-GÄRTEN:
In New York gibt es das »Community Gardening Movement«. Seit 1978 haben dort um die 20.000 BürgerInnen unterschiedlichster Herkunft ca. 750 Parzellen (in Form von legalen und illegalen Community Gardens) brachliegenden Landes inmitten der zerfallenden Häuserschluchten Brooklyns, der Bronxs, Harlems und der Lower East Side besetzt und in blühende Oasen von Gemüse und Blumen verwandelt. Damit setzen sie eindrucksvoll ein Zeichen gegen die Verwahrlosung ihrer Communities und sorgen für Beschäftigung, Sozialkontakte und frische Nahrungsmittel für viele finanziell und sozial benachteiligte Menschen. Sie erzielen jährlich eine Ernte im Wert von 1 Millionen Dollar, welche sie bedürftigen Alten, Familien und Obdachlosen zukommen lassen. Obwohl zahlreiche Menschen hier sehr engagiert arbeiten, gibt es immer wieder Probleme mit Diebstahl, mit der Finanzierung der Gärten und mit den Behörden, die das Bauland zum Verkauf beanspruchen. Die Organisation Green Thumb unterstützt die KleingärtnerInnen bei diesen Konflikten.

CONTAINERN:
... das Herausholen von noch genießbaren Essensabfällen aus Abfallcontainern, meist bei Supermärkten. Diese verkaufen häufig keine Produkte über dem Mindesthaltbarkeitsdatum, auch wenn sie noch essbar sind. Nach deutscher Rechsprechung fällt Containern unter Diebstahl. So wurde 2004 eine Kölnerin wegen gemeinschaftlichen Diebstahls in einem besonders schweren Fall zu 60 Stunden gemeinnütziger Arbeit verurteilt.

COOPERATIVE HOUSING FOUNDATION:
Bei der Cooperative Housing Foundation handelt es sich um eine nonprofit Organisation, die sich der Verbesserung der Wohnsituation und der Bereitstellung von damit verbundenen Leistungen für sozial und finanziell benachteiligte Communities verschrieben hat. – www.chfhq.org

CRUSTY:
»Crusties mögen für gewöhnlich Crust-Punk-Musik, haben Dreadlocks, trinken gern alkoholische Getränke und tragen dreckige Klamotten« – so sagt das Klischee... für mehr Infos und die Wahrheit über Crusties checkt www.crustpunk.de oder das Squat in eurer Stadt.

DIES IST NICHT MEIN PRÄSIDENT:
US-amerikanischer Slogan »This is not my president!«, mit dem sich US-AmerikanerInnen gegen die Politik von G.W. Bush richten.

DIRECT ACTION / DIREKTE AKTION:
Merkmal der direkten Aktion ist, dass keine Macht delegiert, also an VertreterInnen abgegeben wird. Die Betroffenen sollen selbst zur Durchsetzung ihrer Interessen aktiv werden. Beispiele für direkte Aktionen sind Selbstorganisation, selbstorganisierte Besetzungen, Boykotts, Streiks, Sabotage. Der Begriff wurde erstmals 1920 von William Mellor in seinem Buch »Direct Action« verwendet. In seiner Definition, die sich auf Arbeitskämpfe bezieht, ist Direkte Aktion die Nutzung einer ökonomischen Macht durch jene, die diese Macht besitzen (ArbeitgeberInnen wie ArbeitnehmerInnen). Zu den Mitteln zählt er neben Aussperrungen und Kartellen auch Streik und Sabotage. Direkte Aktion ist essentiell als Aktionsform von AnarchistInnen, weil sie dem Prinzip der Herrschaftslosigkeit gerecht wird. Sie wird insbesondere von AnarchosyndikalistInnen als Kampfform betrachtet. »Direkte Aktion« ist auch der Name der zweimonatlich erscheinenden Zeitung der Freien Arbeiterinnen- und Arbeiter-Union.

DIY:
Do It Yourself – Mach's selbst.

DOLLAR VANS UND GYPSY CABS:
1980 gab es in New York einen großen Streik der Beschäftigten im Transportsektor, was dazu führte, dass die Leute sich Alternativen suchen mussten. Es wurden Van-Services von MigrantInnen aus der Karibik eingerichtet, die diesen Bedürfnissen der Stadtbevölkerung entsprachen und einen sicheren, schnellen und preiswerten Transport gewährleisteten. Sie wurden Dollar-Vans genannt, weil der Preis von einem Dollar besonders in der Karibik eine übliche Taxipauschale ist, die nun auch auf New York übertragen wurde. Laut der New York Times fahren heutzutage rund 40.000 Menschen mit rund 5.000 offiziell illegalen Dollar Vans durch New York, was natürlich den Protest und Repressionen seitens der Machthabenden und der Transportunternehmen hervorruft. Gypsy Cabs gibt es als ›wilde Taxis‹ überall dort, wo die Notwendigkeit zu einer preiswerten Alternative zu den öffentlichen/privaten Transportmitteln besteht.

EARTH FIRST!:
...ist eine radikale Bewegung zur Verteidigung der Umwelt, die in den frühen 1980ern entstand und von Dave Foreman, Mike Roselle und anderen begründet wurde. Earth First! tritt für die Anwendung von Direct-Action-Techniken ein, um z.B. Abholzungen, Dammbau und andere menschliche Eingriffe in die Umwelt, die die natürlichen Lebensräume zerstören oder eine Plünderung der Umwelt darstellen, zu unterbinden. Earth-First!-AnhängerInnen vertreten einen tiefenökologischen Ansatz, eine von Arne Naess, Bill Devall und George Sessions propagierte Philosophie, die davon ausgeht, dass alle Lebensformen auf der Erde den gleichen Wert haben, unabhängig von ihrem Nutzen für den Menschen. Earth-First!-AnhängerInnen nutzen diesen philosophischen Ansatz, um eine ökozentristische Weltsicht zu rechtfertigen, nach der die den Organismen und Ökosystemen innewohnenden Werte ihren ökonomischen Wert als Ressource weit übertreffen. Das Motto von Earth First! lautet »Keine Kompromisse bei der Verteidigung von Mutter Erde!« Die Earth-First!-Bewegung wird auch stark von anarchistischen Politikansätzen wie Dezentralisierung, Rotationsprinzipien, Direct Action etc. beeinflusst.

EBENZER HOWARD:
Ein äußerst einflussreiches Konzept gegen die Großstadt entwickelte im 19. Jahrhundert der englische Hofjournalist Ebenzer Howard. Die Gartenstadt ist ein von Ebenezer Howard Ende des 19. Jh. in England entworfenes Modell der planmäßigen Stadtentwicklung. Sein Ziel ist, das rasante Wachstum, das britische Großstädte (v.a. London) im Zuge der Industrialisierung erfahren haben, in geordnete Bahnen zu lenken. Statt eines unkontrollierten Wachstums neuer Stadtviertel am Rande der Stadt bzw. weiterer Verdichtung im Stadtinneren, die zur Bildung von Slums führt, schlug Howard Neugründungen im Umland der Stadt vor. Diese Neugründungen sollten eigenständige kleinstädtische Einheiten bilden und mit der größeren Stadt durch öffentlichen Nahverkehr verbunden sein. Die Idee der Gartenstadt wurde in Großbritannien rasch aufgegriffen und fand auch in Deutschland weite Verbreitung. Noch vor den städtebaulichen Modellen der Bandstadt und der Ville Radieuse von Le Corbusier wurde das Gartenstadt-Modell zum folgenreichsten Modell städtebaulicher Planung im 20. Jahrhundert. Im Unterschied zu einer Trabantenstadt dient eine Gartenstadt ausschließlich dem Wohnen. In Deutschland entstanden mit fortschreitender Industrialisierung – sozusagen als Antwort auf die Probleme und Nöte der ArbeiterInnen – gemeinnützige Baugesellschaften, so auch 1902 die Deutsche Gartenstadt-Gesellschaft (DGG). Die erste Gartenstadt entstand 1907 in Karlsruhe. Der Verwirklichung des Gedankens kam jedoch die 1908 gegründete Gartenstadt Dresden-Hellerau näher.

ELF:
Die »Earth Liberation Front (ELF)« ist eine Gruppe, die vornehmlich in den Vereinigten Staaten und Kanada aktiv ist. Die ELF gründete sich 1977 in Santa Cruz, Kalifornien, unter dem Namen »Environmental Life Force«. Der Gründer wurde im November desselben Jahres verhaftet, und die Gruppe in ihrer ursprünglichen Zusammensetzung

hörte 1978 auf zu existieren. 1980 ging aus dem britischen Teil von Earth First die jetzige ELF hervor. Sie übernahmen das Akronym ELF, das nun für Earth Liberation Front steht. Die ELF versucht nach eigenen Angaben, die Zerstörung und Ausbeutung der Umwelt zu bekämpfen. Dabei bedienen sie sich verschiedener Aktionsformen wie Zerstörungen von Versuchslaboren, Brandstiftungen, der Befreiung von Tieren etc. Ihr Vorgehen hat ihnen gemeinhin den Ruf eingebracht, (Öko)Terroristen zu sein. Ihre Handlungen und Ansichten haben dabei heftige Diskussionen innerhalb der Öko- und Tierrechtsbewegung entfacht. Viele vertreten die Ansicht, dass es bei den ›Anschlägen‹ bis jetzt noch keine menschlichen Opfer gegeben habe, sei nur Glück. Auch die sehr esoterisch wirkenden Natürlichkeitsprinzipien in ihren Argumentationen und die teilweise den Menschen als parasitäre Krankheit der Erde verstehenden Ansätze haben dafür gesorgt, dass sich viele Menschen, Gruppen und Organisationen von der ELF distanziert haben. – http://www.earthliberationfront.com

ENCUENTRO:
Spanisch für Versammlung, Treffen, Meeting etc.

FAVELAS ODER BORGATE:
Mit Favela werden die besonders in Randlagen der großen Städte Brasiliens liegenden Armenviertel bezeichnet. Diese bestehen aus Kistenbrettern, Blechkanistern und Palmwedeln (Baummaterialien). Die ersten Favelas entstanden 1888 im Zuge der SklavInnenbefreiung – aufgrund des danach einsetzenden großen Zustroms in die Städte – und haben sich seitdem ständig ausgebreitet. Daran haben auch die Versuche der Militärdiktaturen 1964-79, mit teilweise drastischen Methoden eine Zurückdrängung dieser urbanen Siedlungsräume zu erreichen, nichts geändert. Man schätzt, dass heute (2003) ca. 20% der EinwohnerInnen Rio de Janeiros in Favelas leben. Seit der Entstehung der ersten Favelas am Ende des 19. Jh. schwankt die Politik der brasilianischen Administration ständig zwischen Aussiedlungsbemühungen auf der einen und Hilfsangebote zur Verbesserung der Infrastruktur für die BewohnerInnen auf der anderen Seite. Die größte Favela der Welt ist Rocinha im Stadtteil São Conrado von Rio de Janeiro mit ca. 250.000 EinwohnerInnen.

FCC:
Die Federal Communications Comissions vergibt in den USA unter anderem die Lizenzen für legale Radiosender.

FIRST BLACK INTERNATIONAL:
Die Black International wurde im Juli 1881 in London gegründet. Sie stellte den Versuch dar, den anarchistischen Flügel der kürzlich aufgelösten Internationale zu reorganisieren. Im Oktober 1881 führte ein Treffen in Chicago zur Gründung der International Working People's Association in Nordamerika, welche auch bekannt war unter dem Namen Black International und sich bald der Londoner Organisation anschloss.

FOOD NOT BOMBS / FNB:
Food Not Bombs ist keine globale NGO, sondern ein Prinzip. Das einfache Prinzip fängt an bei der Empörung über die Tatsache, dass Menschen hungern. Diesen Zu-

stand zu skandalisieren, ist Ausgangspunkt für eine Analyse der Gesellschaft, die neben Kapitalismus und Militarismus auch die mit ihnen verwobene Geschlechter- und Sexualitätsordnung betrachten - und angreifen.
Viele FNB-Gruppen weltweit kochen vegane Suppe und verteilen sie umsonst, weil sie es einfach satt sind, dass Essen weggeschmissen wird, dass Menschen aus den Innenstädten vertrieben werden, dass auch das letzte Humankapital an die Maschinen gepeitscht werden soll, um seine Lebensberechtigung, sein Einkommen, seine Nahrung zu erhalten.

FRAGGING:
Frag incidents oder Fragging Slangbegriff der Soldaten im Vietnamkrieg für das Umbringen von strengen, unpopulären und aggressiven Offizieren und Unteroffizieren. Anscheinend kommt der Begriff von Freiwilligen, die ihre Handgranaten dazu benutzten, ihre Befehlshaber loszuwerden. Kurz nach dem verlustreichen Angriff auf den Hamburger Hill Mitte 1969 lobte die Untergrundzeitung der GIs in Vietnam GI Says öffentlich 10.000 Dollar auf den Kopf von Oberstleutnant Weldon Honeycutt aus, dem Offizier, der den Angriff befohlen und angeführt hatte.

FRAKTALTHEORIE:
Die moderne Mathematik hat nachgewiesen, dass ein zu Beginn geordneter und berechenbarer Zustand urplötzlich in den Zustand des Chaos – also des Zufalls – übergehen kann und somit nicht mehr vorhersagbar ist. Ein beliebtes und anschauliches Beispiel ist der Rauch einer erloschenen Kerze, der ein Stück gerade nach oben steigt, um dann plötzlich chaotische Formen anzunehmen. Kein auch noch so schneller Computer kann diese Bewegungen berechnen, in dieser Formel wären einfach zu viele Unbekannte. So bleibt uns auch von naturwissenschaftlicher Seite der Zufall erhalten. Es liegt an jedem/r Einzelnen, daraus Rückschlüsse zu ziehen.

FOURIER, CHARLES:
(* 7. April 1772 in Besançon; † 19. Oktober 1837 in Paris), war ein französischer Gesellschaftstheoretiker, ein Vertreter des Frühsozialismus und früher Theoretiker des libertären Anarchismus. Charles Fourier wird dem so genannten Frühsozialismus zugeschrieben - auch utopischer Sozialismus genannt – der als Vorläufer des Marxismus verstanden werden kann. Im Grunde genommen ist jedoch das libertäre Denken Fouriers in vieler Hinsicht dem anarchistischen Gedankengut näher als den sozialistischen Ideen. Selbst der Sozialist August Bebel nennt ihn in seinem Fourier-Buch den »Vater des Anarchismus«.

FÜNFTE KOLONNE:
Klandestine Gruppe oder Fraktion subversiver Elemente, die die nationale Solidarität mit allen Mitteln zu untergraben versuchen. Der Begriff lässt sich auf Emilio Mola Vidal, einen faschistischen General im Spanischen Bürgerkrieg zurückführen, der mit vier Kolonnen gegen Madrid zog und seine militanten Unterstützer in der Hauptstadt, die die Macht der loyalen Regierung von innen her untergraben sollte, als seine fünfte Kolonne bezeichnete.

GENTRIFIZIERUNG:
›Einzug von sozial Höherstehenden in heruntergekommene Stadtvier-

tel‹ oder ›Aufwertung durch Zuzug von sozial besser Gestellten‹
In europäischen Großstädten bezeichnet es eigentlich ›nur‹ eine Eigendynamik von Marktprozessen, in deren Verlauf in einem Kiez oder Stadtteil die Bevölkerung ausgewechselt wird. Beispiel: Zuerst entdecken so genannte ›Pioniere‹ einen (heruntergekommenen) Kiez und siedeln in dortigen Freiräumen. Meist handelt es sich dabei um Alternative, HausbesetzerInnen usw. Später kommen immer mehr KünstlerInnen, Studierende und all jene, die einen Alternativ-Bezirk schick finden. Nach ihnen kommen Pseudo-KünstlerInnen, Yuppies und so weiter. Mit jeder neuen Welle steigen die Preise, werden länger Wohnende vertrieben. Irgendwann unterscheidet sich der Kiez dann nicht mehr von den wohlhabenden Stadtteilen. Die Politik treibt die Gentrifizierung teilweise gezielt voran und nutzt dazu auch den Repressionsapparat.

GLOBAL ACTION DAY:
Global Action Days sind eigentlich eine Aktionsform der PGA (Peoples Global Action), einer Plattform verschiedener Bewegungen, Strömungen und Gruppen. Die PGA lehnt feste Organisationsstrukturen, Lobbying und Stellvertreterpolitik ab, propagiert eine Besinnung auf die Prinzipien der emanzipatorischen Selbstorganisation und der direkten Aktion und versucht, durch die Koordinierung von Aktionen eine gegenseitige Stärkung der jeweiligen lokalen und regionalen Auseinandersetzungen zu erreichen. Die Hauptaufgabe der PGA bestand bislang darin, die Global Action Days rund um die Welt zu organisieren. Der erste fand während der WTO Konferenz im Mai 1998 in Genf statt und mobilisierte mehrere 10.000 Leute, zu mehr als 60 Demonstrationen und Street Parties auf fünf Kontinenten. Der »Carnival Against Capital« (Juni 1999), die WTO-Konferenz in Seattle (November 1999), das IMF/World Bank-Meeting in Prag (September 2000), das G8-Meeting in Genua (Juni 2000) und die WTO-Konferenz in Quatar (November 2001) waren ebenfalls Global Action Days.

GOLDMAN, EMMA:
(* 27. Juni 1869 in Kaunas, Litauen; † 14. Mai 1940 in Toronto, Kanada) war eine US-amerikanische Anarchistin und Friedensaktivistin. Goldman war insbesondere in den USA mit ihrem zeitweiligen Lebenspartner Alexander Berkman aktiv. Sie gilt als herausragende Figur sowohl des US-amerikanischen Anarchismus als auch der frühen US-amerikanischen Friedensbewegung. Unter anderem wurde sie wegen Anstiftung zum Aufruhr, Propagierung öffentlicher Geburtenkontrolle und Agitation gegen die Wehrpflicht inhaftiert. Emma Goldman starb im Alter von 70 Jahren und wurde in Chicago (USA) beigesetzt.

HOPI-INDIANER:
Die Hopi sind eine indigene Bevölkerungsgruppe Nordamerikas und leben in den US-Bundesstaaten Arizona und Neu-Mexiko. Ihre Reservation ist heute umgeben von einer Reservation der Navaho. Die heute etwa 18.000 Hopi sprechen eine Sprache aus der Uto-aztekischen Sprachfamilie. Das Reservat der Hopi ist seit den 60er-Jahren immer wieder stark bedroht, da es Ansprüche auf die dort befindlichen Bodenschätze durch weiße Großunternehmen gibt. Jedoch konnten sich die Hopi diesem Druck bisher

– auch durch eine sehr gute Öffentlichkeitsarbeit – widersetzen. Die Haltung der Hopi gegenüber TouristInnen ist sehr reserviert, aber höflich. Ein Besucherzentrum am Anfang des Reservats weist höflich darauf hin, dass ein Weiterfahren eigentlich nicht mehr notwendig, aber doch grundsätzlich erlaubt ist. Jede/r BesucherIn, der/die weiterfährt, merkt aber gleich, dass er/sie nicht erwünscht ist. Die Politik der Hopi gegenüber der amerikanischen Regierung ist sehr konsequent, zumal die Regierung versucht hat, über eingesetzte VerwalterInnen die Entscheidungen der Stammesältesten zu beeinflussen. Die bekannteste – aber auch geheimste – kultische Veranstaltung der Hopi ist der zweijährig stattfindende Schlangentanz.

IMC:

Indymedia oder auch Independent Media Center (IMC) (auf deutsch: Unabhängiges Medien Zentrum) ist ein global agierendes Netzwerk von unabhängigen MedienaktivistInnen und JournalistInnen. Das Netzwerk der verschiedenen Gruppen hat sich der unabhängigen, unzensierten, unkommerziellen Berichterstattung verschrieben und versteht sich als Teil des internationalen antikapitalistischen Widerstands. Den Grundstein für dieses Netzwerk legten engagierte JournalistInnen Ende November 1999 durch die offene Berichterstattung über die Proteste anlässlich der WTO-Ministerkonferenz in Seattle. Im Jahr 2002 existierten 89 lokale IMCs auf der ganzen Welt, verteilt auf 31 Länder und 6 Kontinente. Anfang 2004 gab es bereits 134 lokale Projekte sowie verschiedenste globale Schwerpunktseiten, z.B. zur Koordination von Übersetzungen, Ökologie, Frauen sowie ein TV-Projekt. Das Land mit den meisten IMCs sind die Vereinigten Staaten von Amerika mit 49, gefolgt von Kanada mit 11. Die einzelnen Gruppen finanzieren sich selbstständig. Die IMCs betreiben sowohl Print-, als auch Audio- und Videojournalismus, sind aber überwiegend durch ihre Internet-basierten Nachrichtendienste bekannt geworden: Die Internetseiten werden nach dem Open Posting-System erstellt, was bedeutet, dass jede/r dort Informationen veröffentlichen kann.

IWF:

Der Internationale Währungsfonds (IWF, International Monetary Fund IMF) ist eine internationale Organisation. Er ist eine Schwesterorganisation der Weltbank-Gruppe und hat seinen Sitz in Washington D.C., USA. Ihr seid im Bilde, oder?!

IWW:

Die Industrial Workers of the World (IWW, oft auch als Wobblies bezeichnet) waren eine Gewerkschaft in den USA. Gegründet 1905 von SozialistInnen und militanten ArbeiterführerInnen unterschied sich die Gewerkschaft in zwei Punkten wesentlich von den bis dahin die Szene bestimmenden Organisationen. Zum einen rekrutierten sie insbesondere in von der ArbeiterInnenbewegung vernachlässigten sozialen Gruppen: ungelernte ArbeiterInnen, Frauen und AfroamerikanerInnen. Zum anderen betrachtete die IWW Direkte Aktionen stets als wichtiges Mittel im Arbeitskampf. Die Gewerkschaft war an einigen spektakulären Streiks Anfang des 20. Jahrhunderts beteiligt. Zunehmende Repression im ersten Weltkrieg und die Erstarkung der Kommunistischen Partei der USA ließen sie ab den 1920ern bedeutungslos werden.

JANE JACOBS:
Schriftstellerin, Aktivistin und Städteplanerin, geboren 1916 in Scranton, Pennsylvania, war in den 60er Jahren stark in die Proteste gegen den Bau von Autoschnellstrassen in New York City involviert und wurde in diesem Zusammenhang auch mehrmals verhaftet. Sie schrieb zahlreiche Bücher, die sich mit der strukturellen Veränderung von Großstädten beschäftigen, zum Beispiel The Death and Life of Great American Cities (1961), The Economy of Cities (1969), Dark Age Ahead (2004). Jane J. lebt momentan in Toronto mit ihrem Mann Robert Hyde Jacobs.

LE CORBUSIERS:
(1887 – 1965) Schweizerischer Architekt und Maler. Le Corbusier gehört nicht nur zu den wichtigsten Architekten des 20. Jahrhunderts, sondern war zudem ein bedeutender Theoretiker und Maler.

MEM:
Eines der jüngsten Kinder der Medientheorie ist die »Theory of Meme«. Die Meme (ausgespr. Meem, Einzahl Mem) sind kleine Informationseinheiten, die in verschiedensten Formen – als Gedanken, Ideen, Glauben, Ideologien, Moden, Trends, Stile, Religionen, Lieder etc. – existieren. Das Konzept der Meme wurde zum ersten Mal von Richard Dawkins in seinem Buch »The Selfish Gene« entwickelt. Dabei vergleicht er den genetischen Code mit dem Wesen von Informationen. Im Unterschied zur Information sind Gene biologisch und kommunizieren mittels Reproduktion über Generationen hinweg Wie der genetische Code streben Meme nach Vervielfältigung und Verbreitung. Um das zu erreichen, muss ein Mem kommunizierbar bleiben und sich ständig verändern. »A Virus of the Mind« ist die beste Beschreibung, die bis jetzt gefunden wurde. Ziel der Meme ist es, von einem menschlichen Gehirn zum anderen übertragen zu werden, um so möglichst viele Memwirte zu infizieren. Die Memetik ist als Analogie zur Genetik zu verstehen, in der auch über die Verbreitung des Genpools heftig diskutiert wird. Ist die Henne nur ein Gefäß für Gene, um ein neues Ei zu produzieren – oder ist ein Ei die Weiterentwicklung der Henne? Wie ein Computervirus pflanzen sich Meme von einem Wirt zum nächsten fort. Auch Mediensprünge sind nicht selten. Wenn ein vitales Mem es schafft, in den Abendnachrichten ständig wiederholt zu werden, dann ist die potenzielle Verbreitung gigantisch. Durch die mediale Vervielfältigung haben diese Meme auch die längsten Halbwertszeiten.

N30 DEMO:
Nach dem 30. November 1999 benannt, der mit internationalen Protesten gegen die WHO Schlagzeilen machten. Dabei wurde Seattle, USA, von gut organisierten Aktivisten belagert.

NAFTA / [NORTH AMERICAN FREE TRADE AGREEMENT = NORDAMERIKANISCHES FREIHANDELSABKOMMEN]:
Das Nordamerikanische Freihandelsabkommen ist ein Wirtschaftsverbund zwischen Kanada, den USA und Mexiko und bildet eine Freihandelszone. Die NAFTA wurde zum 1. Januar 1994 gegründet.

Mit Inkrafttreten des Freihandelsabkommens wurden zahllose Zölle abgeschafft, viele weitere wurden zeitlich ausgesetzt. Gemessen an den selbst gesteckten Zielen ist NAFTA nach 10 Jahren überwiegend gescheitert. Seit 1994 gingen allein in den USA mindestens 900.000 gut bezahlte Industriearbeitsplätze verloren. In Mexiko sind die Folgen sowohl vielfältiger als auch langfristig vernichtender. Zwar stiegen ausländische Direktinvestitionen in Mexiko um das Dreifache und Mexikos Exportzahlen legten kräftig zu, doch trugen diese ›Erfolge‹ trotz Arbeits- und Umweltschutzabkommen nicht zum Wohle der mexikanischen Bevölkerung oder zur Verbesserung der fragilen Umweltsituation und einzigartigen Artenvielfalt des Landes bei. Während des letzten Jahrzehnts blieb Mexikos Wirtschaftswachstum ebenso wie die Zahl von neuen Arbeitsplätzen niedrig und weit hinter den Bedürfnissen einer wachsenden Bevölkerung zurück. Außerdem verloren 1,5 Millionen mexikanische Kleinbauern aufgrund der Agrarliberalisierung ihr Einkommen (80 Prozent der mexikanischen Landbevölkerung lebt in Armut).

NAT TURNER:
(1800-1831), war Sklave eines Aristokraten in Southampton County, Virginia. Als Erwachsener fand er seine Kraft und Stärke im Glauben und wurde sogar zum Prediger unter den Sklaven. Am 21. August 1831 führte er den Aufstand gegen Sklavenhändler, an dem ca. 60 weitere Sklaven beteiligt waren, an. Nach nur 2 Tagen wurden die

Aufständischen von der Miliz gestoppt. Turner gelang jedoch die Flucht. 6 Wochen später wurde er verhaftet und hingerichtet. Turners Rebellen töteten ca. 60 Weiße auf ihrem Feldzug. William Styrons Roman The Confessions of Nat Turner (1967) entfachte eine kulturelle Debatte über die Person Nat Turner.

NEW LEFT:
Der Name »New Left« bezieht sich auf eine radikale politische, hauptsächlich studentisch geprägte, Bewegung in den USA. Als namensgebend kann hier vielleicht ein offener Brief des Sozialwissenschaftlers C.Wright Mills gesehen werden, den er 1960 verfasste und mit »Letter to the New Left« betitelte. Darin argumentiert er für eine Abkehr von dem traditionellen Focus der »Alten Linken«, um sich eher persönlichkeitsfixierten Belangen wie Autoritarismus und Entfremdung zu widmen. Prägend für die »New Left« waren unter anderem Marx, Gramsci und die Frankfurter Schule. In Amerika wurde die »New Left« maßgeblich durch die studentische Organisation »Students for a Democratic Society« (SDS) verkörpert. Während des Vietnam Krieges wurden die SDS zu einer der führenden Organisationen der Anti-Kriegs Bewegung an den Hochschulen. Im Verlauf der Proteste gerieten die eigentlichen Inhalte der »New Left« zunehmend in den Hintergrund, und am Ende spaltete sich die Organisation auf Grund innerer Spannungen und stärker werdenden Einflüssen maoistischer IdeologInnen. Nachfolgeorganisationen war unter anderem der »Weather Underground«, einer, wie sie es selbst ausdrückten, »revolutionären Organisation von kommunistischen Männern und Frauen«.

NEW URBANISM:
Es handelt sich um eine städtebauliche und architektonische Strömung in den 1980ern und 1990ern, die vor allem in den USA Anklang fand. Im Vordergrund stand die Anpassung des Städtebaus an die Vorstellungen über eine ideale Stadt wie sie angeblich in den 1920ern existiert hätte. Es wurde der Versuch unternommen, das Städtewachstum zu kontrollieren, zu regulieren und neue Siedlungen am Reißbrett zu planen. U.a. wurde ein 13-Punkte-Plan entwickelt, in dem detailliert festgelegt ist, wie eine Siedlung um ein Stadtzentrum herum aufzubauen ist, in welcher Entfernung Geschäfte, Schulen und Büros von diesem Zentrum zu sein haben etc.

NGO:
Non-Governmental Organization ist eine Organisation, die unabhängig von Regierungen und deren Policies handelt. In den seltensten Fällen arbeiten diese Organisationen gewinnorientiert, sie finanzieren sich größtenteils durch private Spenden.

OUTREACH:
Unter Outreach wird der Versuch von Organisationen, Institutionen oder Einzelpersonen verstanden, ihre Ideen, Wertesysteme oder Praktiken auf andere Organisationen, Gruppen, ein spezifisches Publikum oder die allgemeine Öffentlichkeit zu übertragen. Typischerweise wird Outreach von Non-Profit-Gruppen, zivilgesellschaftlichen Institutionen und besonders von Kirchen und Religionsgemeinschaften betrieben. Outreach besitzt meist eine erzieherische Komponente.

PALÄOPOLITOLOGIE:
›Paläo‹ weist auf das Alttertiär hin, und somit ist also die fossile/urwüchsige Politikwissenschaft/Politologie gemeint.

PAPUA-AUFSTAND:
Im März 2002 übernahmen Gefreite und Feldwebel der Armee Papua-Neuguineas die Kontrolle über ihre Kaserne sowie die 50.000 Einwohner-Stadt Wewak. Den Offizieren blieb nur die Flucht. Die Soldaten forderten ein Ende der Entlassungen in der Armee, den Rücktritt der Regierung und ein Ende der neoliberalen Politik.

PAZ (PERMANENT AUTONOMOUS ZONE) IN LOUSVILLE:
Bei Permanenten Autonomen Zonen handelt es sich um eine Community, die sich als autonom gegenüber der Regierungs- oder Autoritätsstruktur betrachtet, in die sie physisch eingebettet ist. Ein sehr gutes Beispiel ist der Freistaat Christiania (ein ehemaliges Militärgelände, das in den 1970ern von einer Gruppe Hippies besetzt wurde und heute eine alternative Wohnsiedlung in Kopenhagen ist), dessen BewohnerInnen sich unabhängig von Behörden, Regierung und Politik verwalten.

PLAINS INDIANER:
Alle Native Americans, die die Great Plains, also das heutige Zentrum der USA und das südliche Kanada, bewohnt haben.

PTERALPINKERTON:
in Anlehnung an Allan Pinkerton (1819-1884): während seiner Jugend aktiv in der schottischen Gewerkschaftsbewegung; emigrierte 1842 nach Amerika; bildete 1850 eine »Protective Patrol« (Schutzpatrouille), um das Eigentum der UnternehmerInnen zu schützen; lieferte den KapitalistInnen zwischen 1872 und 1894 bewaffnete StreikbrecherInnen, Spitzel und ProvokateurInnen.

QUEER:
Das Wort wurde im englischen Sprachraum als Schimpfwort gebraucht, mit dem vornehmlich Schwule, aber auch andere, die von den heteronormativen Regeln abweichen, bedacht wurden. Im Laufe der 1980er und 1990er Jahre, v.a. im Zuge des ACT UP Aktivismus während der Aids-Krise, gelang es den so Bezeichneten jedoch, dieses Wort im öffentlichen Diskurs einer Neubewertung (englisch: reclaiming) zu unterziehen und politisch positiv zu besetzen. Das Wort ist nun als Schimpfwort kaum mehr zu gebrauchen, da die Betroffenen sich selbst, ihr neues Selbstbewusstsein sowie ihren politischen Aktivismus damit identifizieren. Queer steht heute sowohl für die ganze Bewegung als auch für die einzelnen ihr angehörenden Individuen. Es ist eine Art Sammelbecken, unter dem sich außer Schwulen, Lesben, Intersexuellen, Transgendern, Asexuellen und BDSMlerInnen auch Heterosexuelle und viele mehr zusammenschließen. Eine Besonderheit von Queer im Vergleich zu Identitäten wie Lesbisch oder Schwul ist, dass der Fokus auf differente Sexualpraktiken und von der Heteronormativität abweichende Lebensformen gerichtet ist und weniger die Geschlechtsidentitäten des/der Begehrten im Vordergrund steht (also Homo anstelle von Hetero).

RAND CORP.:
Think Tank der für das US-Militär

Forschungs- und Analyseaufträge ausführte und später auch für andere Organisationen der Regierung und des privaten Wirtschaftssektors arbeitete. Besondere Expertise entwickelte RAND in den Bereichen Systemanalyse und künstliche Intelligenz. Des Weiteren entwickelten sie viele der Prinzipien, mit denen das Internet aufgebaut wurde. Heute konzentriert sich RAND Corp. in 2/3 seiner Arbeitsfelder auf Probleme der nationalen Sicherheit.

RECLAIM THE STREETS / RTS:
ist eine Aktionsform mit dem übergeordneten Ziel der gemeinschaftlichen Aneignung des öffentlichen Raums. Sie ist Ausdrucks- und Protestform der Widerstandsbewegung gegen die Globalisierung und eine Oppositionsform gegen das Auto, das Stadtplanung und Nutzung des öffentlichen Raums bestimmt. Es werden dabei oft Karneval-artige Feste veranstaltet.

SAN (Sing.: Sa):
San bezeichnet die ersten Bewohner des südlichen Afrikas. Andere gängige Bezeichnungen sind Buschmänner, Buschmenschen, Buschleute und Basarwa. Der Begriff San hat seinen Ursprung in der Bezeichnung der Kapregion Südafrikas. Die San lebten anfangs nomadisch als Jäger und Sammler. Ab etwa dem 15. Jahrhundert fanden verstärkt Verdrängungen durch Khoi Khoi-Gruppen und Bantu-sprechende Gruppen statt. Im Zeitraum von 1652 bis 1830 führten niederländische Gouverneure regelmäßig Vernichtungszüge gegen die San der Kapregion durch. Die Überlebenden flohen oder wurden auf europäischen Farmen als Sklaven gehalten. Durch die anhaltenden Vertreibungen, Vernichtungszüge und Versklavungen hat die Zahl der vor 2000' Jahren noch schätzungsweise 400.000 im südlichen Afrika lebenden San stark abgenommen. Heute leben in dieser Region nur noch etwas 100.000 San.

SEMINOLE NATION:
Eine sehr heterogene Masse aus Native Americans aus dem südöstlichen Teil der heutigen USA, entlaufenden afroamerikanischen und indigenen SklavInnen und anderen Individuen, die den Machtkämpfen zwischen Amerikanern, Native Americans und Spaniern entfliehen wollten. Diese Gruppe kämpfte in den 3 so genannten Seminolenkriegen (1817-18, 1835-42, 1855-58) gegen eine weitere Verdrängung von ihrem Siedlungsgebiet durch die Amerikaner, welche aber trotz erbittertem und teilweise sehr erfolgreichem Widerstand nicht zu verhindern war.

SEPOY:
Sepoy (von ind. ›sipahi‹ = Soldat) ist die Bezeichnung für die indischen Soldaten in der britischen Kolonialarmee in Indien. Bekannt wurde diese Bezeichnung vor allem durch den Sepoy-Aufstand 1857-1859 (ein nationaler Aufstand gegen den englischen Kolonialismus, der mit unfassbarer Grausamkeit und Massakern niedergeschlagen wurde), als sich die Sepoy erhoben, weil die Briten sie in europäischen Kriegen einsetzen wollten.

STARBUCKS:
ist eine weithin bekannte Kaffeehauskette aus den USA. Der Name leitet sich vom Seemann Starbuck aus Herman Melvilles Roman »Moby Dick« ab. Starbucks ist international tätig und mit Ausnah-

me Afrikas mittlerweile auf allen Kontinenten zu Hause. Für die Expansion nach Deutschland hat Starbucks ein Joint-Venture mit der Karstadt/Quelle AG, die Karstadt-Coffee GmbH, gegründet. An derzeit 22 Standorten in Deutschland ist Starbucks zu finden. In einem kompromisslosen Verdrängungswettbewerb zu Lasten lokaler Betriebe, der auf dem Rücken der bei Starbucks beschäftigten MitarbeiterInnen stattfindet, bringt uns Starbucks der absoluten Einheits-Plastik-Welt wieder einen Schritt näher.

SUBVERTISMENT:
adbusting, ad jamming etc. = Abändern von Werbeträgern, Anzeigen etc.

SWEAT SHOPS:
ist eine Fabrik, üblicherweise in einem ›Entwicklungsland‹ oder einem Land der ›Dritten Welt‹, oft Asien oder Lateinamerika, in denen Menschen für sehr wenig Lohn (so gering wie etwa 3 US$ pro Tag und noch weitaus weniger) arbeiten und Güter wie Kleidung, Spielzeug, (Turn-)Schuhe und andere Konsumgüter produziert werden. Oft lagern multinationale Konzerne arbeits- und lohnintensive Tätigkeiten in solche Sweatshops aus. Der Ausdruck Sweatshop (schweißtreibende Fabrik) deutet an, dass die ArbeitnehmerInnen ausgebeutet werden. Dies kann verschiedene Formen annehmen: materielle Ausbeutung aufgrund nicht vorhandener Tarifverträge, lange Arbeitszeiten, fehlender Kündigungsschutz, (de facto) Verbot von Gewerkschaftsaktivität, Kinderarbeit usw. Die rechtlich schwache Situation der ArbeitnehmerInnen führt auch zu weiteren Abhängigkeiten (de-facto Lohnsklaverei).

TEMPORÄRE AUTONOME ZONEN:
Der Begriff der temporären autonomen Zone stammt vom Schriftsteller Hakim Bey und ist Titel eines gleichnamigen Buches. Er definiert in ihm eine T.A.Z. als eine Situation, in der herrschende Gesetze und Ordnungen zeitweise lokal außer Kraft treten, Autoritäten ihre Macht verlieren und unvorhersehbare gemeinsame neue Begegnungen und Erfahrungen möglich werden. Im Buch präsentiert Bey ein Konglomerat von Ideen der Situationisten, Anekdoten, surrealistischen Forderungen, Kunstkonzepten, Mystik und Anarchismus. Schlüsselbegriffe von Bey sind poetischer Terrorismus, Chaos, Anarchie, Zauberei, Genuss und Vernetzung. Vorstellungen von Bey finden sich in Aktionen wie der ersten Loveparade, Hausbesetzungen, der Reclaim the Streets-Bewegung und der Kommunikationsguerilla – oder auch älter und institutionalisiert im Karneval – wieder.

TAXIDERMIE:
das Haltbarmachen toter Tierkörper zu Demonstrationszwecken (z.B. Ausstopfen von Vögeln).

TURTLES & TEAMSTERS OF SEATTLE:
Mit dem Slogan »turtles and teamsters« ist der Zusammenprall von Milieus umschrieben worden, der Mitte der neunziger Jahre mittelständische UniversitätsstudentInnen mit GewerkschafterInnen in der Anti-Sweatshop-Bewegung im Kampf gegen miserable Arbeitsbedingungen von WanderarbeiterInnen in den USA wie in multinationalen Unternehmen der Dritten Welt vereinte.

THINK TANK:
Eine Denkfabrik (oft Thinktank nach engl. think tank; auch: Public Policy Institution, PPI) ist eine feste Gruppe meist von SozialwissenschaftlerInnen, die gemeinsam neue Konzepte oder Strategien entwickeln sollen; in der Regel handelt es sich dabei um konservative, neoliberale und in den USA v.a. um neokonservative Ansätze. Vor allem in den USA recht verbreitet, erhalten Denkfabriken meist Geld von privaten Stiftungen oder Einzelpersonen, um neue Ideen im Bereich Außen- und Innenpolitik zu erarbeiten. Da Denkfabriken private Einrichtungen sind, haben sie mehr Freiheiten, neue Ideen vorzuschlagen und zu diskutieren als Mitglieder oder Arbeitsgruppen der Regierung. Die wichtigsten amerikanischen Denkfabriken sind in Washington, D.C. rund um das Kapitol beheimatet. Da Denkfabriken von privaten Geldern abhängen, werden ihr Ergebnisse nicht von allen Seiten als neutral angesehen.

TOMPKINS SQUARE PARK:
Quadratischer Park in der Alphabet City im East Village (Manhattan) in New York City. Er ist seit jeher Treffpunkt für politische Aktivisten und war Schauplatz zahlreicher Demonstrationen gegen den Vietnamkrieg in den 1960ern. In den 1980ern wurde der Park für viele New Yorker zum Synonym für die wachsenden sozialen Probleme der Metropole, da Obdachlosigkeit, Drogenproblematik und Kleinkriminalität dort sichtbar wurden. Im August 1988 kam es zu Riots, da die Polizei den Park umstellt hatte und versuchte, unter Anwendung brutalster Mittel, die Obdachlosen aus dem Park zu prügeln. In den 1990ern wurde der Park geschlossen und durch eine Reihe von Maßnahmen der Stadtregierung ›befriedet‹.

TRANARCHY:
Transgender + Anarchy = Tranarchy ;-)

TRIPODS:
Dreigebeine (z.B. aus drei Gerüststangen mit zwei Gelenken und eventuell kleinen Querstangen) mit einem Sitzplatz oder Hängematte in der Spitze). Diese können schnell transportiert und aufgebaut werden, sind aber schwer zu räumen. Beide Formen (Wendigkeit und Räumungsschutz) können auch verbunden werden.

TWYFORD DOWN:
liegt im Südosten von Winchester, Hampshire in England. In den frühen 1990ern fanden dort intensive Proteste gegen einen Autobahnausbau (M3) statt.

U'WAS:
Occidental Petroleum, ein von Shell und dem staatlichen kolumbianischen Erdölunternehmen ECOPETROL gegründetes Konsortium, führt seit 1992 einen Landkonflikt mit den U'wa-Indígenas in Nordostkolumbien. Der in den Departements Arauca, Norte de Santander, Santander, Boyacá und Casanare ansässige Stamm gehört zu den letzten autonomen Gemeinden des Landes. Die U'was, für die die Ölförderung gleichbedeutend mit dem spirituellen Tod ihres Landes ist, verweigerten dem profitträchtigen Projekt von Anfang an ihre Zustimmung. Doch obwohl die Indígenas auch vor dem Verfassungsgericht Recht bekamen, übten die kolumbianische Regierung und Occidental/Shell weiter Druck aus. Im April

1997 erklärte der Chef von Occidental Columbia, Stepen Newton, in einem Interview mit der Tageszeitung El Tiempo, dass das U'wa-Territorium »das Zuhause des Pfarrers Pérez« sei (zit. nach U'wa-Solidarity Homepage 1998). Der spanische Pfarrer Manuel Pérez war zu diesem Zeitpunkt oberster politischer Verantwortlicher der ELN. Mit der Behauptung, die U'was seien Kollaborateure der Guerilla, gab der Öl-Manager die Indígenas praktisch zum Abschuss frei. Tatsächlich wurde der Sprecher der U'was, Berito KuwarU'wa, im Juni 1997 von bewaffneten Vermummten angegriffen und misshandelt. Die Pistoleros wollten den U'wa-Sprecher zur Unterschrift einer gegenseitigen Vereinbarung zwingen, doch Berito KuwarU'wa, ein Analphabet, weigerte sich, ein Papier zu unterzeichen, das er nicht verstand. In den Folgemonaten kam es zu einer Eskalation der Auseinandersetzung. Die ELN führte eine Serie bewaffneter Aktionen gegen das Ölkonsortium durch, in den USA gründete sich ein Support-Netzwerk, 3.000 Menschen demonstrierten in Bogotá gegen die Ölförderpläne, und die 5.000 U'was drohten gar mit kollektivem Selbstmord. Doch erst als Berito KuwarU'wa mit den internationalen Bartolomeo de las Casas- und Goldman Enviromental-Preisen ausgezeichnet wurde, lenkte die Occidental vorübergehend ein (U'wa Support Homepage, 4.7.1998). Die Pläne wurden vorübergehend auf Eis gelegt, doch schon bald nahm der Druck auf die U'was erneut zu...

<u>WILD CAT:</u>
Coacoochee (ca. 1810-1857). Coacoochee (Wild Cat) wurde um 1810 in Mosquito Country, Florida geboren und war ein seminolischer Kriegshäuptling. Er wurde 1837 nach einem Waffenstillstandsabkommen gefangen genommen, konnte aber entfliehen und wurde der von der US-Armee am meisten gefürchtete Kriegshäuptling nach dem Tod von Osceola. Von 1837 bis 1840 kämpfte er sehr effektiv in den Sümpfen von Florida, aber Lt. Col, William S. Harney kidnappte Coacoochees Tochter und Mutter und zwang somit den Kriegshäuptling, an Verhandlungen teilzunehmen. Coacoochee wurde dann von Maj. Thomas Childs gefangen genommen und 1841 in eine Reservation in Arkansas geschickt. Später unternahm er Anstrengungen, verschiedene Gruppen von Native Americans zu vereinen und zum Aufbau eines gemeinsamen Lebensraums zu bewegen.

<u>WILDCAT STRIKES:</u>
Bei einem Wildcat Strike wird wie bei einem wilden Streik gestreikt, ohne auf die Genehmigung der Gewerkschaften zu warten.

WOBBLIENATORS / <u>WOBBLIES:</u>
Mitglieder der IWW.

<u>WOODIE GUTHRIES:</u>
(1912-1967) Nach einer Reihe familiärer Tragödien und dem frühen Tod seiner Mutter zog der knapp 17-Jährige als Gelegenheitsarbeiter quer durch die USA. Er verdiente sich seinen Unterhalt mit Auftritten in Bars und auf Gewerkschaftsversammlungen und bei Streiks. Mit seinen Liedern, die sich an den sozialen Interessen der Arbeiter orientierten und zum Kampf für die Verbesserung der Gesellschaft aufriefen, wurde er zum ›Sprachrohr der kleinen Leute‹. 1954 begab er

sich wegen einer von seiner Mutter ererbten Nervenkrankheit (Chorea Huntington) in ein New Yorker Krankenhaus, nach mehreren kürzeren und längeren Aufenthalten dort starb er am 3. Oktober 1967.

YELLOW-BIKE-PROJEKT:
Für die gesamte Geschichte und den aktuellen Stand des Projekts: http://c2.com/ybp/

ZORA NEAL HURSTON:
Zora Neal Hurston wurde am 7. Januar 1891, als fünftes von acht Kindern, in Eatonville, Florida geboren. Sie war ein wichtiger Bestandteil der Harlem Renaissance und bereiste weite Teile des amerikanischen Südens, um dort Stücke afroamerikanischer Folklore zu sammeln und aufzuzeichnen. Sie veröffentlichte 4 Romane und eine Autobiographie und arbeitete obendrein in einer Beraterfunktion für Paramount Pictures. Am aktivsten war sie zwischen den Jahren 1930 und 1940. 1959 erlitt sie einen Schlaganfall, von dem sie sich nie wieder vollkommen erholte, und musste daraufhin in einem Pflegeheim leben. Am 28. Januar 1960 starb sie vollkommen mittellos in Fort Pierce, Florida und wurde auf einem segregierten Friedhof in einem unmarkierten Grab beigesetzt.

KLASSIKER der Sozialrevolte

In allen Zeiten wurden Texte geschrieben, die wir heute als *Klassiker der Sozialrevolte* bezeichnen wollen: Texte aus Sozialen Bewegungen bzw. aus dem Kontext sozialer Revolutionen – von den französischen Frühsozialisten bis zur APO der 60er Jahre dieses Jahrhunderts. Doch viele dieser wertvollen Texte sind heute nicht mehr lieferbar und verstauben in einigen wenigen Exemplaren in privaten Bibliotheken. Der UNRAST Verlag versucht deshalb mit dieser Reihe, eine umfangreiche Sammlung radikaler Sozialgeschichte über die Jahrtausendwende hinaus zu bewahren.

Diese Reihe kann abonniert werden!

Ricardo Flores Magón

Tierra y Libertad

Ausgewählte Texte

Hrsg. von Tradukas GbR und Gruppe B.A.S.T.A.

Klassiker der Sozialrevolte Bd. 11

180 S., 13 €

ISBN 3-89771-908-8

Ricardo Flores Magón, geb. 1873, war einer der einflussreichsten Anarchisten in der revolutionären Bewegung Mexikos. Außerhalb Mexikos und insbesondere in Europa sind Leben und Wirken Magóns kaum bekannt. Versammelt sind hier ausgewählte Texte, die zum Großteil erstmals deutschsprachig erscheinen. Abgerundet wird der Band durch zwei Sekundärtexte zu Magóns Biographie und dem Anarchismus in Mexiko, einem chronologischen Abriss von Magóns Wirken sowie einer ausführlichen Bibliographie.

Peter A. Kropotkin

Memoiren eines Revolutionärs Bd. I & II

Klassiker der Sozialrevolte Bd. 4 & 5

Bd. I: 248 S., TB, ISBN 3-89771-901-0, 14 €

Bd. II: 304 S., TB, ISBN 3-89771-902-9, 14 €

Gustav Landauer

Die Revolution

Klassiker der Sozialrevolte Bd. 9

120 Seiten, TB, 13 €

ISBN: 3-89771-906-1

Mit 'Die Revolution' liegt eine Schrift vor, die als eine grundlegende Geschichtsphilosophie des Anarchismus angesehen werden kann, ohne die ein umfassendes Verständnis von Landauers kommunitärem Anarchismus nicht möglich ist. Sie ist zugleich die einzige Geschichtsphilosophie aus libertärer Sicht im deutschsprachigen Raum bis heute!

Alexander Berkman

Die Tat.

Gefängniserinnerungen eines Anarchisten

Klassiker der Sozialrevolte Bd. 7

396 S., TB, 16 €

ISBN 3-89771-904-5

Nachdem der Pittburger Fabrikunternehmer Frick am 6. Juli 1892 auf eine Gruppe Streikender schießen lässt und dabei ein Blutbad anrichtet, entschließt sich der 22-jährige Anarchist Berkman, Frick zur Rechenschaft zu ziehen – ihn zu ermorden. Das Attentat misslingt: Autobiografisches Zeugnis über 14 Jahre Zuchthausgefangenschaft in den USA.

Friedrich Engels

Der deutsche Bauernkrieg

Klassiker der Sozialrevolte
Bd. 10
158 Seiten, TB, 13 €
ISBN 3-89771-907-X

Eine historische und anschauliche Antwort auf den heutigen Luther-Kult.
In prägnanter Kürze leistet Engels im Deutschen Bauernkrieg eine klare Durchleuchtung der gesellschaftlichen feudal-klerikalen Verhältnisse am Übergang von Mittelalter zu Neuzeit. Er zeigt die verschiedenen gesellschaftlichen Fraktionen, ihre Interessen, Bündnisse und Vorgehensweisen. Pakkend geschrieben, schildert er den Fortgang dieser gewaltigen Volksbewegung, die immer rascher aufeinander folgenden Erhebungen der Bauern bis hin zum großen Bauernkrieg von 1524/25.

Erstmalig auf Deutsch:

Michael Bakunin

Die revolutionäre Frage

Föderalismus, Sozialismus, Antitheologismus

Klassiker der Sozialrevolte
Bd. 6
179 S., TB, 13 €
ISBN 3-928300-903-7

Geheimtipp für subversives Philosophieren!
Ein Spätwerk Bakunins, in dem er eine gründliche Positionsbestimmung des kollektivistischen Anarchismus vornimmt.
Mit einem Vorwort von Wolfgang Eckhardt.

Pjotr L. Lawrow

Die Pariser Kommune

Geschehnisse – Einfluß – Lehren

Klassiker der Sozialrevolte
Bd. 8
216 Seiten, TB, 14 €
ISBN 3-89771-905-3

Die Pariser Kommune von 1871 gilt bis heute allen Linken als der erste »gelungene« Ansatz einer Revolution des europäischen Proletariats. Von Bakunin, Kropotkin über Marx bis Kautzky, Lenin, Trotzki ... haben sich alle Sozialisten auf dieses kurze Ereignis in Paris bezogen.

Johann Most

Die freie Gesellschaft

Die Internationale Bibliothek und Texte aus der Freiheit zum Kommunistischen Anarchismus

268 Seiten, TB, 14 €
ISBN 3-89771-911-8

Mosts politische Texte aus der Broschürenserie *Internationalen Bibliothek*. Abgerundet wird dies hier durch vier politische Schlüsseltexte zum Kommunistischen Anarchismus aus der *Freiheit*.

Peter A. Arschinoff

Geschichte der Machno-Bewegung

Klassiker der Sozialrevolte
Bd. 1
271 Seiten, TB, 13 €
ISBN 3-928300-68-7

„[Das] Buch ist eine wichtige Quelle für eine fast völlig unbekannte Epoche des libertären Sozialismus [...]"
ABP

Volin

Der Aufstand von Kronstadt

bearb. v. Jochen Knoblauch
Klassiker der Sozialrevolte
Bd. 3
160 Seiten, TB, 11 €
ISBN 3-89771-900-2

Der Aufstand der Kronstädter Matrosen von 1921 verkörperte für viele AnarchistInnen und Sozialrevolutionäre die Chance auf einen ›dritten Weg‹, jenseits von Parteiautokratie und Diktatur des Proletariats.

Otto Rühle

1848 – Revolution in Deutschland

Klassiker der Sozialr. Bd. 2
111 Seiten, TB, 9 €
ISBN 3-928300-85-7

Otto Rühle hat die Revolutionen Europas studiert, immer auf der Suche nach Ideen proletarischer Organisierung jenseits von Parteien und Staat. Seine Beschreibung der bürgerlichen Revolution in Deutschland aus dem Blickwinkel des rätekommunistischen Klassenkämpfers ist eines der wichtigsten Dokumente, das noch heute der deutsch-liberalen „Heldenverehrung" entgegentritt.

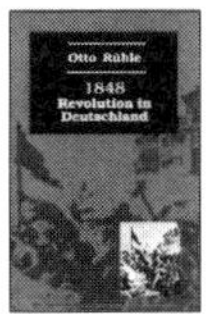

Teo Panther (Hg.)

Alle Macht den Räten!

Texte zur Rätebewegung in Deutschland 1918/19

ISBN 3-89771-910-X
ca. 180 S., ca. 13 EUR [D]

Die in dem Band versammelten Texte von Richard Müller, Rosa Luxemburg, Max Tobler, Franz Pfemfert, Ernst Toller, Otto Rühle, Gustav Landauer, Erich Mühsam u.a. zeigen die Diskussion unter den radikalen Linken jener Tage.

AG Spass muß sein! (Hg.)

Spassguerrilla

**fantastische möglichkeiten –
mögliche fantasien**

unrast reprint 1
256 S., B5-Format, 14 €
ISBN 3-89771-951-7

„ Es gehört überall verbreitet und diskutiert, denn: ‘Eine Welt von Genüssen ist zu gewinnen. Wir haben dabei nichts zu verlieren als die Langeweile.’“

Raoul Vaneigem, direkte Aktion Nr. 114

autonome L.U.P.U.S.-Gruppe

**Die Hunde bellen ...
Von A bis RZ**

Eine Zeitreise durch die 68er Revolte und die militanten Kämpfe der 70er bis 90er Jahre

190 S., Br., 13 €
ISBN 3-89771-408-6

Silke Lohschelder (Hg.)

AnarchaFeminismus

Auf den Spuren einer Utopie

196 S., Br.,13 €
ISBN 3-89771-200-8

»›AnarchaFeminismus‹ bietet eine ausgezeichnete Einführung, bei der viele der offenen Fragen kein Mangel sein müssen – die Perspektive zielt auf Bewegung und auf das Führen notwendiger, differenzierter, nicht-reformistischer Auseinandersetzung, die ein Buch niemals ersetzen kann.«
Bettina Roß, literaturkritik.de